KALORIENARME SPEISEN

Marina Goldbach

Vorwort

Stell dir vor, du sitzt am Abend auf dem Balkon, die Sonne wärmt noch leicht deine Haut, ein sanfter Windhauch trägt den Duft frischer Kräuter heran – und vor dir steht ein köstliches, leichtes Gericht, das deinen Gaumen verwöhnt und gleichzeitig deinem Körper gut tut. Genau darum geht es in diesem Buch.

„Rezepte für die Traumfigur" ist kein weiteres Diätbuch, das Verzicht und strenge Regeln predigt. Es ist eine Einladung: Eine Einladung zu einem neuen, genussvollen Verhältnis zum Essen – und zu dir selbst.

Wir alle kennen die Sehnsucht nach einer Figur, in der wir uns rundum wohlfühlen. Aber was heißt das eigentlich – „Traumfigur"? Für die einen ist es ein schlanker, fitter Körper, für andere einfach ein gesundes Wohlfühlgewicht, das Energie und Leichtigkeit im Alltag schenkt. In jedem Fall ist es ein Ziel, das mit Genuss, Freude und einem liebevollen Blick auf den eigenen Körper erreicht werden sollte – und nicht mit Druck, Frust oder ständigen Schuldgefühlen beim Essen.

Warum dieses Buch anders ist

In der alltäglichen Informationsflut rund ums Thema Ernährung fällt es oft schwer, den Überblick zu behalten. Low Carb, Keto, Intervallfasten, vegane Küche – die Auswahl an Trends ist riesig, aber nicht alles passt zu jedem Lebensstil. Dieses Buch geht einen anderen Weg: Es stellt nicht eine bestimmte Diät in den Vordergrund, sondern die Freude am gesunden Kochen und bewussten Genießen.

Alle Rezepte in diesem Buch sind so konzipiert, dass sie unter 201 kcal pro Portion bleiben – und trotzdem lecker, sättigend und überraschend vielseitig sind. Du wirst staunen, wie viel Geschmack in einem Gericht stecken kann, auch wenn es kalorienbewusst ist.

Ob du gerade erst beginnst, dich mit gesunder Ernährung auseinanderzusetzen, oder bereits Erfahrung hast – dieses Buch soll dich inspirieren, motivieren und begleiten. Es bietet dir Ideen für alle Tageszeiten und Anlässe: Vom Frühstück über herzhafte Hauptgerichte bis hin zu raffinierten Desserts.

Dein Weg, deine Geschwindigkeit

Jeder Mensch bringt seine ganz eigenen Voraussetzungen, Ziele und Lebensrhythmen mit. Manche möchten langfristig Gewicht verlieren, andere einfach nur gesünder essen oder neue Rezeptideen ausprobieren. Deshalb gibt dir dieses Buch keine starre Anleitung an die Hand, sondern eine Schatzkiste voller Möglichkeiten.

Du entscheidest, was du wann und wie integrierst. Vielleicht beginnst du mit einem neuen Gericht pro Woche. Vielleicht entwickelst du eine neue Routine für dein Frühstück oder ersetzt das Abendessen durch eine der leichten Mahlzeiten. Du kannst alles – musst aber nichts.

Ein weiterer Vorteil: Die Zutaten sind bewusst alltagstauglich gewählt. Du brauchst keine exotischen Superfoods oder teure Spezialprodukte. Vieles hast du wahrscheinlich ohnehin zu Hause. Und wenn du einmal kreativ werden möchtest – wunderbar! Die Rezepte laden zum Abwandeln und Experimentieren ein.

Genuss ohne schlechtes Gewissen

Wir leben in einer Zeit, in der Essen oft moralisch aufgeladen ist: „Gut" gegen „schlecht", „erlaubt" gegen „verboten". Dieses Denken führt schnell zu einem ungesunden Verhältnis zum eigenen Körper und zum Essen. Hier will dieses Buch bewusst gegensteuern.

Kalorienbewusst zu essen heißt nicht, sich etwas zu verbieten – sondern das zu wählen, was dir und deinem Körper guttut. Es bedeutet, mit Achtsamkeit zu kochen, zu kauen, zu schmecken. Es heißt, nach dem Essen kein Völlegefühl, sondern Leichtigkeit zu spüren.

Und ja – auch ein Dessert hat hier seinen Platz! Mit raffinierten Rezepten, die den Süßhunger stillen, ohne deine Kalorienbilanz aus dem Ruder zu bringen.

Ein persönliches Wort zum Schluss

Dieses Buch ist mit viel Hingabe und Sorgfalt entstanden. Jede Rezeptidee wurde mit dem Ziel entwickelt, dir nicht nur auf dem Weg zur Wunschfigur zu helfen, sondern auch Freude in deine Küche zu bringen. Ich wünsche dir beim Nachkochen, Probieren und Genießen genauso viel Freude, wie ich sie beim Erstellen dieses Buches hatte.

Erlaube dir, auf deinen Körper zu hören. Nimm dir Zeit zum Kochen. Probiere Neues aus. Und vor allem: Sei freundlich mit dir selbst. Denn dein Weg zur Traumfigur darf genussvoll, kreativ und voller Lebensfreude sein.

Viel Vergnügen und guten Appetit!

© 2024 Marina Goldbach
Verlag: BoD · Books on Demand GmbH,
Überseering 33, 22297 Hamburg, bod@bod.de
Druck: Libri Plureos GmbH,
Friedensallee 273, 22763 Hamburg
ISBN: 978-3-7693-2807-3

Inhaltsverzeichnis

Inhaltsverzeichnis

Inhaltsverzeichnis

Inhaltsverzeichnis

Inhaltsverzeichnis

Inhaltsverzeichnis

Inhaltsverzeichnis

Baked Egg surprise

4 Portionen

4 Eier
100 g Gruyere gerieben
4 EL Sahne
1 EL Butter für die Form
1 Prise Pfeffer
1 Prise Salz
1/2 Bund Schnittlauch

Die Eier sorgfältig trennen und jedes Eigelb in eine separate Tasse geben. Das Eiweiß zusammen mit dem Salz steif schlagen und den Pfeffer darunter ziehen. Die Masse in 4 ausgebutterte, feuerfeste Portionsteller verteilen. Mit einem EL eine Vertiefung in die Masse drücken und je ein Eigelb hineingleiten lassen. Den Rahm mit dem Schnittlauch vermischen und je einen EL davon um die Eigelbe gießen - nicht darüber!.

Das ganze mit Greyerzer bestreuen und im vorgeheizten Ofen (220 Grad) 8-10 Min. backen. Das Eigelb sollte noch leicht flüssig sein. Sofort servieren.

Pro Portion: 166 kcal / 695 kJ

Eier mit Joghurt-Kräuter-Soße

6 Portionen

6 Eier
30 g Butter
1 Chilischote
1 TL Kümmel (gemahlen)
1 Prise Kardamon
400 g Joghurt
4 zw Koriander (frisch)
1 Limette (Schale)
1 Prise Salz
1 Prise Pfeffer
1 Prise Zucker

Die Eier 4 Min. kochen, kalt abschrecken und pellen. Kalt werden lassen. Für die Soße die Butter zerlassen. Die gehackte Chilischote, den Kümmel und das Kardamon zugeben. Vorsichtig unter Wenden dünsten. Die Pfanne vom Herd nehmen.

Die Gewürze auf Küchenpapier geben. Die Korianderblättchen von den Stielen zupfen und hacken. Den Joghurt, die feingeschnittene Limettenschale, Salz, Pfeffer und Zucker verrühren. Die übrigen Gewürze hinzufügen und abschmecken.

Die Eier in eine Schüssel geben und mit der Soße übergießen.

Pro Portion: 190 kcal / 795 kJ

Eierstich
1 Portion

1 Ei
1 EL Milch
1 Prise Muskat
1 Prise Kräuter
1 Prise Salz

Alle Zutaten in einen Shaker oder Schraubglas geben und gut durchschütteln. In einen Kochtopf einen Porzellanteller stellen und soviel Wasser in den Topf geben, dass das Glas mit der Eimasse hingestellt werden kann und das Wasser höher als die Eimasse steht. Die Klappe auflassen. 20 Min. in siedendem Wasser stehen lassen.

Pro Portion: 94 kcal / 395 kJ

Gefüllte Eier
4 Portionen

8 Eier
1 EL Butter (schaumig geschlagen)
1 EL Crème fraîche
1 Prise Salz
1 Prise Pfeffer
1 Pk Kresse
1 Salat

Die Eier hart kochen, abschrecken, schälen und längs halbieren. Das herausgenommene Eigelb durch ein Sieb streichen und mit der Butter und der Crème fraîche geschmeidig rühren. Mit Salz und Pfeffer würzen. Dann in die Eihälften spritzen und auf eine mit Kresse oder nudelig geschnittenem Salat ausgelegte Platte setzen.

Füllungen:

1. Eigelb, Butter, Senf, gehackte bunte Senffrüchte vermischt in die Eihälften geben. Mit Schnittlauch garnieren.

2. Eigelb mit Krebsbutter, grob gehackten Krabben, Tomatenpüree und Worcestersoße verrührt in die Eihälften geben. Mit einer Krabbe garnieren.

3. Eigelb, Crème fraîche und Blauschimmelkäse verrührt in die Eihälften geben. Mit einer Weinbeere garnieren.

4. Eigelb und Butter, grob gehackten Dill und fein gehackte Lachsschnitzel verrührt in die Eihälften geben. Mit Dill und Lachs garnieren.

5. Eigelb, Crème fraîche und Kaviar verrührt in die Eihälften füllen. Mit Kaviar und Zitronenschnitz garnieren.
Pro Portion: 199 kcal / 833 kJ

Kräuter-Omelette

4 Portionen

4 Eier
1 Prise Salz
1 Prise Pfeffer
60 g Butter
4 EL Estragon (feingehackt)
4 EL Schnittlauchröllchen
4 EL Kerbel

Die Eier aufschlagen und mit Salz und Pfeffer würzen. 50 g in Stückchen geschnittene kalte Butter und die Kräuter zufügen. Solange verquirlen, bis sich Eiweiß und Eigelb verbunden haben.

Die restliche Butter in einer Pfanne erhitzen. Sobald sie schäumt, die Eimasse zugeben und stocken lassen. Das Omelette zusammenklappen und sofort servieren.

Pro Portion: 197 kcal / 822 kJ

Omeletts aus Sprossen

4 Portionen

90 g Sprossen (z.B. Alfalfa und Mungobohnenkeime)
300 g Egerlinge oder Champignons
2 Zwiebeln
1 Bd. Schnittlauch
2 EL Butter
4 Eier
4 EL lauwarmes Wasser
Salz
schwarzer Pfeffer

Die Sprossen in einem Sieb gründlich mit kaltem Wasser abspülen und abtropfen lassen.

Die Pilze waschen, putzen, von den Stielenden befreien und in feine Streifen schneiden. Die Zwiebel schälen und fein würfeln. Den Schnittlauch waschen, trocken tupfen und in feine Röllchen schneiden.

Die Butter in 2 Pfannen gleichzeitig erhitzen und die Zwiebeln darin glasig braten. Die Pilze dazugeben und bei mittlerer Hitze ohne Deckel dünsten. Dabei die Flüssigkeit einkochen lassen.

Inzwischen die Eier mit dem Wasser und dem Schnittlauch verquirlen und mit Salz und Pfeffer pikant würzen. Die Sprossen über die Pilze streuen, vorsichtig untermischen und heiß werden lassen. Die Eier über die Sprossenmischung gießen und die Omeletts jeweils bei mittlerer Hitze stocken lassen.

Pro Portion: 200 kcal / 840 kJ

Spiegeleier überbacken
4 Portionen

4 Eier
2 Prisen Salz
1 Bund Schnittlauch
3 Eigelb
1 EL Petersilie
1 TL Kapern
3 Sardellen
1 Prise Pfeffer
1 Prise Muskat
3 Eiweiß

Die Eier in einer gefetteten, feuerfesten Form nebeneinander aufschlagen. Mit einer Prise Salz würzen und mit den Schnittlauchröllchen bestreuen. Eigelb, gehackte Petersilie, Kapern und gehackte Sardellen miteinander vermischen. Das Ganze mit einer Prise Salz, Pfeffer und Muskat würzen. Das Eiweiß zu steifem Eischnee schlagen und diesen vorsichtig unter die Eigelbmasse ziehen. Das Ganze über die Spiegeleier gießen. Im auf 200 Grad vorgeheizten Backofen 15 Min. überbacken.

Pro Portion: 179 kcal / 748 KJ

Verlorene Eier
2 Portionen

4 Eier
1 l Wasser
5 EL Essig
1/2 TL Salz

Das Wasser in einer möglichst großen Pfanne aufkochen und den Essig zufügen. Warmes Wasser in einem Topf bereithalten, um die Eier warm zu halten. Einen ½ TLl Salz zugeben.

Nun jedes Ei ganz vorsichtig in eine Tasse oder eine Schüssel aufschlagen. Das Eigelb sollte möglichst unversehrt bleiben. Als nächstes die Eier einzeln und vorsichtig ins leise ziehende Essigwasser gleiten lassen. Die Eier ziehen sich sofort zusammen. Wichtig ist, dass sich die Eier nicht berühren.

Nach etwa 3 Min. die Eier sorgsam mit einer Schaumkelle aus dem Wasser heben und bis zum endgültigen Anrichten in den Topf mit dem warmen Salzwasser legen.

Zum Anrichten die Eier vorsichtig wieder herausnehmen und auf einem Tuch oder Küchenkrepp abtropfen lassen. Sollten die Eiränder an den Seiten etwas "ausgefranst" sein, kann man sie mit einer Schere abschneiden.

Pro Portion: 192 kcal / 805 kJ

Fischfrikassee in Blätterteigpasteten

8 Portionen

1 Pk (300 g) Kabeljau-Filet, tiefgefroren
1 l Salzwasser
2 EL Butter
2 EL Mehl
1/2 l Fischfond
1 Eigelb
2 EL Kapern

2 EL Kapernflüssigkeit
1 EL Essig
1 TL Würze Tischflasche
1 Prise Salz
1 Prise Pfeffer, frisch gemahlen
8 Blätterteig-Pasteten

Das Kabeljau-Filet antauen lassen, waschen, trocken tupfen und in Würfel schneiden. In einem Topf Salzwasser zum Kochen bringen und den Fisch ca. 5 Min. darin ziehen lassen. Den Fisch herausnehmen und abtropfen lassen. Den Fischfond aufheben.

In einer Pfanne Butter heiß werden lassen und das Mehl darin hellgelb andünsten. Den Fischfond mit dem Schneebesen einrühren und zum Kochen bringen. Das Eigelb unterrühren. Die Kapern zugeben und mit Kapernflüssigkeit, Essig, Würze Tischflasche, Salz und Pfeffer würzen und abschmecken. Die Fischwürfel in die Soße geben und heiß werden lassen. Die Blätterteig-Pasteten nach Packungsanweisung heiß werden lassen und das Frikassee hineinfüllen.

Pro Portion: 197 kcal / 824 kJ

Lachs auf Gurken-Dill-Gemüse

2 Portionen

1 Salatgurke
1 Zwiebel
20 g Butter
2 Prisen Salz
2 Prisen Pfeffer
2 EL Weißwein (trocken)

2 EL Dill
2 Lachsfilets
1 EL Zitronensaft
1 EL Sahne
2 zw Dill
2 Schb Zitrone

Die Gurke schälen, halbieren und quer in schmale Streifen schneiden. Die Zwiebel schälen und fein hacken. Die Butter in einer Kasserolle erhitzen und darin die Zwiebelwürfel anbraten. Die Gurkenstreifen dazugeben, kurz anschwitzen und mit Salz und Pfeffer würzen. Mit Wein angießen und 1 EL feingehackten Dill untermischen. Zugedeckt 4-5 Min. bei schwacher Hitze schmoren.

Die Lachsscheiben waschen, trocken tupfen, salzen, pfeffern und mit Zitronensaft beträufeln. Die Fischscheiben auf das Gurkengemüse legen und zugedeckt bei schwacher Hitze in 4-5 Min. gar dämpfen. Herausnehmen und warm stellen. Nun die geschlagene Sahne und den restlichen feingehackten Dill unter das Gemüse ziehen. Anschließend auf 2 Teller verteilen. Den Fisch dazu anrichten und mit einem Dillzweig und einer Zitronenscheibe garnieren.

Pro Portion: 140 kcal / 587 kJ

Fish Nuggets

4 Personen

500 g Fischfilet
1 Ei
2 EL Magermilch
50 g geriebener Parmesankäse
50 g Paniermehl
Prise Paprika und Pfeffer
125 g Light-Mayonnaise
2 EL Magermilchjoghurt
2 gehackte eingelegte Gurken
1 EL Zitronensaft
frische Petersilie und Dill

Den Backofen auf 220 Grad vorheizen. Den Fisch in Nugget-große Würfel schneiden, in verschlagener Eiermilch und dann in der gewürzten Mischung aus Paniermehl und Parmesankäse wenden, abschütteln. Den Fisch auf ein Backblech geben und 5-10 Min. braten. In der Zwischenzeit die Zutaten für die Tartar-Soße mischen und abschmecken.

Pro Portion: 191 Kcal

Forelle gefüllt

4 Portionen

2 Frühlingszwiebeln
150 g Tatar
2 Prisen Salz
1 Prise Pfeffer
1/2 TL Sambal Oelek
2 EL Sojasoße
4 Forellen
1 EL Sherry
1 TL Sojasoße
1 EL Honig
1 Prise Knoblauchpulver

Die Frühlingszwiebeln putzen und klein schneiden. Die Zwiebeln mit dem Tatar, Salz, Pfeffer, Sambal Oelek, Sojasoße und dem geriebenen Ingwer mischen. Die gesäuberten und gewaschenen Forellen mit der Mischung füllen und mit Holzspießen verschließen.

Sherry, Sojasoße, Honig, Knoblauchpulver und eine Prise Salz verrühren und die Forellen mit der Marinade bestreichen. Die Fische unter dem Grill des Backofens etwa 20 Min. grillen.

Pro Portion: 166 kcal / 692 kJ

Forellentatar auf Toast

4 Personen

1 geräuchertes Forellenfilet (60 g)
1 Gewürzgurke
1 Schalotte
1/2 kleiner Apfel
1/4 Bund Dill
110 g Magerquark
2 EL Sauerrahm (Schmant)
1 TL Senf
2 EL Gurkenwasser
Salz
Pfeffer
Zitronensaft
8 Toastviertel
2 Radieschen
einige Stiele Petersilie

Das Forellenfilet, die Gewürzgurke, die Schalotte und den Apfel in Würfel schneiden. Den Dill hacken. Forellenfilet- und Schalottenwürfel mit Quark, Sauerrahm, Senf und Gurkenwasser pürieren, mit Salz, Pfeffer und Zitronensaft abschmecken. Den Dill, die Gurken und die Apfelwürfel unterheben.

Die Farce bergartig auf die Toastecken streichen. Die Radieschen in Spalten schneiden und die Petersilienblätter abzupfen. Die Toastecken damit garnieren und servieren.

Pro Portion: 110 kcal

Muschelsoße

4 Portionen

3 EL Olivenöl
2 Zwiebeln
1 Z Knoblauch
1/2 Tube Tomatenmark
1/2 Dose Tomaten (geschält)
200 g Muscheln (Dose)
Salz
Pfeffer
1 Bund Petersilie

Das Öl in einem Topf erhitzen. Die Zwiebelwürfel und die geschälte, nicht zerkleinerte Knoblauchzehe glasig andünsten. Den Knoblauch heraus nehmen. Das Tomatenmark, den Muschelsaft und die Tomaten zufügen und etwa 10 Min. köcheln lassen. Zum Schluss die Muscheln hinein geben, mit Salz und Pfeffer abschmecken und mit gehackter Petersilie bestreut servieren.

Pro Portion: 142 kcal / 597 kJ

Frittierte Heringe

6 Portionen

6 Heringsfilets (doppelt)
200 g Kichererbsenmehl
50 g Speisestärke
1 1/2 TL Salz
2 Z Knoblauch
1 Bund Koriander
1/2 TL Chilipulver
1 TL Kurmin
2 TL Garam Masala
280 ml Wasser
1 Pk Fritierfett

Die Heringslappen längs am Rücken halbieren und in etwa 10 cm lange Stücke schneiden.

Für den Teig Kichererbsenmehl, Speisestärke, Salz, zerdrückten Knoblauch, gehackten Koriander, Chilipulver, gemahlenen Kumin, Garam Masala und Wasser verrühren.

In einer Pfanne etwa 3 cm hoch Frittierfett einfüllen und erhitzen. Die Fischstücke durch den Teig ziehen und im heißen Fett etwa 3 Min. ausbacken. Dabei ständig wenden, damit sie von allen Seiten braun werden.

Pro Portion: 58 kcal / 241 kJ

Fischcreme

6 Portionen

250 g Kartoffeln
75 ml Milch
1 Zwiebel
75 g Forellen-Kaviar
3 EL Zitronensaft
Salz
1 EL Olivenöl

Die geschälten Kartoffeln in reichlich Salzwasser etwa 20 Min. kochen lassen. Anschließend abschütten, die Milch zugießen und daraus das Kartoffelpüree herstellen. Nun die geschälten Zwiebel dazu reiben und den pürierten Forellen-Kaviar unter mischen.

Die Masse mit Zitronensaft, Salz und Öl abschmecken und eine Stunde im Kühlschrank ziehen lassen.

Pro Portion: 74 kcal / 311 kJ

Garnelen-Barbecue

4 Personen

1 Zwiebel
1 Knoblauchzehe
1 EL Öl
500 g passierte Tomaten (Packung)
2 EL Worchestersoße
1 TL Chilipulver
2 EL Rotweinessig
1 EL Rum
1-2 TL brauner Zucker
Salz
Pfeffer
250 g Riesengarnelen
125 g Bacon (Frühstücksspeck)

Die Zwiebel sowie den Knoblauch abziehen und sehr fein hacken. Das Öl in einem Topf erhitzen und beides darin goldbraun braten. 50 ml Wasser, Tomatenpüree, Worcestersoße, Chili, Essig, Rum, Zucker, Salz, Pfeffer, Zucker unterrühren und abschmecken. Aufkochen lassen und offen unter Rühren ca. 10 Min. bei schwacher Hitze köcheln, anschließend 30 Min. abkühlen lassen.

Die Garnelen kurz abbrausen. Trocken tupfen. Mit der abgekühlten Barbecuesoße übergießen und ca. 30 Min. marinieren.

Die Baconscheiben quer halbieren. Die Garnelen aus der Soße heben, einzeln mit Bacon umwickeln und je 4 Stück auf 1 geölten Spieß stecken. Auf dem heißen Grill von jeder Seite 4-5 Min. grillen, bis der Speck gebräunt ist. Evtl. mit Kräutern bestreuen.

Pro Portion: ca. 160 kcal

Eier-Pilz-Pfanne

4 Portionen

1 Zwiebel
200 g Champignons
1 EL Butter
2 Prisen Salz
1 Prise Pfeffer
4 Eier
1 Prise Paprika

Die Zwiebeln schälen und in feine Würfel schneiden. Die Champignons putzen und in Scheiben schneiden. Die Butter in einer Pfanne erhitzen und die Zwiebeln und Champignons darin dünsten. Mit einer Prise Salz und Pfeffer würzen. Die Eier mit restlichem Salz und Paprika verquirlen, in die Pfanne gießen und stocken lassen.

Pro Portion: 108 kcal / 451 kJ

Gedünstetes Forellenfilet auf Gemüse
4 Portionen

4 Küchenfertige Forellen, à 250 g
4 EL Zitronensaft
4 EL Sojasoße
1 Stange Bleichsellerie (Staudensellerie)
4 Möhren
2 klein. Fenchelknollen
1 Kohlrabi
1/2 Stange Lauch/Porree
Salz
Pfeffer
Glutamat nach Geschmack
2 EL Öl

Die Forellen unter fließendem Wasser von innen und außen waschen. Trocken tupfen, innen mit der Hälfte des Zitronensaftes und der Hälfte Sojasoße beträufeln. Außen mit dem restlichen Zitronensaft bestreichen und ca. 20 Min. ziehen lassen.

In der Zwischenzeit Sellerie, Möhren, Fenchelknollen, Kohlrabi und Lauch vorbereiten. Dazu das Gemüse putzen, waschen und in Stifte schneiden. Den Lauch in Ringe schneiden. Das Blattgrün von Sellerie, Kohlrabi und Fenchel zurückbehalten und klein hacken.

In einem Topf Öl erhitzen und das Gemüse kurz anbraten. Mit Salz, Pfeffer, Sojasoße und Glutamat würzen. Etwas Wasser angießen. Die Forellen auf das Gemüse legen und in geschlossenem Topf bei schwacher Hitze ca. 15 Min. gar dämpfen. Die Forellen herausnehmen, vorsichtig häuten und filetieren. Warmhalten. Das feingehackte Blattgrün zum Gemüse geben und kurz mitdünsten. Zum Servieren das Gemüse auf einer vorgewärmten tiefen Platte anrichten und die Filets darauf legen.

Pro Portion: 180 kcal / 754 kJ

Knäcke nach Hafenmeister Art
 4 Portionen

4 Scheib. Sesam-Knäckebrot
4 TL Halbfettmargarine
8 Scheib. Graved lachs
4 TL Süßer Senf
2 TL Dillspitzen

Das Knäckebrot mit der Margarine bestreichen. Die Lachsscheiben dekorativ darauf anrichten. Den Senf mit dem Dill verrühren und über den Lachs geben. Nach Wunsch die Knäckebrote mit Dillsträußchen verziert zu frischem grünem Salat servieren.

Pro Portion: 151 kcal / 632 KJ

Jakobsmuscheln mit Butter

4 Portionen

12 Jakobsmuscheln
2 EL Olivenöl
Salz
Pfeffer
60 g Butter
1 Z Knoblauch
1 Schalotte
1 TL Zitronensaft
1 Bund Petersilie

Die Muscheln mit Hilfe eines spitzen Messers öffnen. Das Muschelfleisch herauslösen und dabei den grauen Rand vorsichtig abschneiden. Das Muschelfleisch waschen und auf Küchenkrepp abtropfen lassen.

Das Olivenöl in einer Pfanne erhitzen und die mit Salz und Pfeffer gewürzten Muscheln darin anbraten. Anschließend das Fleisch zurück in die Muschelschalen setzen, auf vorgewärmte Teller geben und warm stellen.

Die Butter in einem Topf schmelzen lassen, den gehackten Knoblauch und die klein geschnittene Schalotte zugeben. Nun in die schäumende Butter den Zitronensaft und die gehackte Petersilie geben. Die Muscheln mit der Butter beträufelt servieren.

Pro Portion: 177 kcal / 740 kJ

Thunfisch-Dipp

4 Portionen

1 Dose Thunfisch (ohne Öl)
2 EL Kapern
2 EL Zitronensaft
2 Z Knoblauch
2 EL Olivenöl
1 Spr Weißwein
2 EL Creme fraiche
Salz
Pfeffer

Den abgetropften Thunfisch, die Kapern, den Zitronensaft, den Knoblauch, das Öl und den Wein pürieren. Anschließend die Creme fraiche unterziehen und mit Salz und Pfeffer würzen.

Pro Portion: 171 kcal / 717 kJ

Kabeljau indisch

2 EL frisch gehackter Koriander oder Petersilie
150 Milliliter Kokosmilch
400 g geschälte Tomaten a. d. Dose
½ TL Garam Masala
1 TL gemahlene Kurkuma
1 TL gemahlener Kreuzkümmel
1 TL gemahlener Koriander
1 rote Paprika, entkernt und fein gewürfelt
2 Knoblauchzehen, zerdrückt
1 Zwiebel, fein gehackt
4 Kabeljaufilets
3 EL Öl

Das Öl in einer Pfanne erhitzen und den Fisch darin von beiden Seiten braun braten, aber nicht durchgaren. Mit Salz und Pfeffer würzen. Aus der Pfanne nehmen und beiseite stellen.

Die Zwiebel, den Knoblauch, den Paprika und die Gewürze in die Pfanne geben und unter Rühren 2 Min. anbraten. Die Tomaten zufügen, alles aufkochen und 5 Min. köcheln lassen. Den Fisch zum Gemüse in die Pfanne geben und ca. 8 Min. köcheln lassen, bis er gar ist. Den Fisch wieder aus der Pfanne nehmen und warm stellen. Die Kokosmilch und Koriander/Petersilie in die Pfanne geben und langsam erhitzen. Die Filets mit der Sauce übergießen.

Pro Portion: 194 kcal

Krabben-Cocktail
6 Portionen

100 g Mayonnaise
150 g Joghurt
je 4 EL Tomatenketchup und Schlagsahne
2 EL Weinbrand
200 g Ananas (Dose)
750 g Krabben (in Salzlake)
3-4 Lauchzwiebeln
Cayennepfeffer
4 Stauden Chicorée

Die Mayonnaise mit Joghurt, Ketchup, Sahne und Weinbrand verrühren. Die Ananas und die Krabben abtropfen lassen. Die Ananas klein würfeln. Die Lauchzwiebeln putzen. Die weißen Teile fein würfeln und die grünen Teile in dünne Ringe schneiden. Alles, bis auf die Zwiebelringe, unter die Mayonnaise heben. Würzen und mit Ananassaft abschmecken. Die Chicoréeblätter vom Strunk lösen, waschen und trocknen. Dekorativ auf eine Platte setzen. Die Krabben darauf verteilen und mit Zwiebelringen garnieren.

Pro Portion: 185 kcal / 780 kJ

Lachsröllchen

24 Portionen

200 g Doppelrahm-Frischkäse
3 EL Sahne
1/2 EL Zitronensaft
1 Bl Gelatine (weiß)
1 1/2 EL Orangen-Meerrettich
1 zw Kresse
Salz
Pfeffer
8 Schb Räucherlachs
24 Japanische Reiscracker

Den Frischkäse mit der Sahne und dem Zitronensaft glatt rühren. Die Gelatine in kaltem Wasser einweichen und anschließend tropfnass in einem Töpfchen erhitzen. 3 EL Frischkäsemasse einrühren, dann unter den restlichen, vorbereiteten Frischkäse rühren. Den Meerrettich und die abgeschnittenen Kresseblättchen unter die Masse ziehen und alles mit Salz und Pfeffer würzen.

Die Hälfte der Lachsscheiben längs überlappend auf Frischhaltefolie ausbreiten. Die Hälfte der Masse auf den Lachs streichen und von unten nach oben aufrollen. Mit restlichem Lachs und Füllung ebenso verfahren. Die Rollen in Frischhaltefolie einschlagen und 2-3 Stunden kühlen. Zum Servieren die Lachsrollen mit einem Elektromesser in Scheiben schneiden und auf die Cracker legen.

Pro Portion: 54 kcal / 225 kJ

Pasta de Sardinhas (portugiesisch)

220 g Sardinen aus der Dose
20 g Butter
1 TL Currypulver
1 EL Zitronensaft
1/2 TL Worcestersoße
Salz
schwarzer Pfeffer
1 Chilischote
1 EL Mandeln, gehackt
2 Eigelb
Toast zum Servieren

Die Sardinen auf ein Sieb geben und gut abtropfen lassen. Die Haut und die Gräten entfernen und zu einer feinen Masse zerdrücken. Butter, Currypulver, Zitronensaft, Worcestersoße, Salz und Pfeffer unterrühren. Die Chilischote waschen, entkernen und in feine Streifen scheiden. Gemeinsam mit gehackten Mandeln und Eigelb unter die Paste mengen. In ein Glas mit Schraubdeckelverschluss geben und ca. 15 Min. im kochenden Wasserbad sterilisieren. Die Sardinenpaste gut gekühlt mit Toast servieren.
Pro Portion (25 g): 60 kcal / 251 kJ

Muffins mit Räucherlachs
10 Portionen

300 g Mehl
1 EL Backpulver
1 TL Salz
1 Ei
200 ml Buttermilch
100 g Hüttenkäse
1 EL Petersilie
1 EL Dill
1 Pk Frischkäse
10 Schb Räucherlachs

Den Backofen auf 200 Grad vorheizen.

Die Buttermilch und verschlagenes Ei zur Mischung aus Mehl, Salz und Backpulver geben. Nicht zuviel rühren. Den Hüttenkäse und gehackte Kräuter einrühren. In die Formen geben und 20 Min. bei 200 Grad backen. Anschließend auf einem Drahtgitter abkühlen lassen.

Zum Servieren einen runden Deckel ausschneiden. Das Loch mit Frischkäse füllen, eine Rosette Räucherlachs darauf legen und den Deckel wieder aufsetzen. Mit frischem Dill garniert servieren.

Pro Portion: 186 kcal / 778 kJ

Muschel-Cocktail
4 Portionen

1/2 Blutorange (ausgepresst)
1 EL Cognac
100 g Muscheln (Glas)
30 g Sahnemeerrettich
50 g Saure Sahne
Salz
Pfeffer
150 g Feldsalat
2 Kiwi

Ein EL Orangensaft und den Cognac über die Muscheln träufeln. Den Sahnemeerrettich, die Saure Sahne und den restlichen Orangensaft gut miteinander verrühren und das Dressing mit Salz und Pfeffer abschmecken.

Den Salat putzen, waschen und in Cocktailschalen verteilen. Geschälte und klein geschnittene Kiwi zusammen mit den vorbereiteten Muscheln ebenfalls in die Gläser geben und mit dem Dressing begießen.

Pro Portion: 77 kcal / 323 kJ

Rotbarschfilet auf Kräuter-Rahmsoße

4 Portionen

2 Frühlingszwiebeln
1 Stg Bleichsellerie
25 g Kräuter (gemischt)
4 Rotbarschfilet
1/2 Zitrone (ausgepresst)
Salz
150 g Crème fraîche
Pfeffer
1 Bund Petersilie
1 Bund Schnittlauch

Die Frühlingszwiebeln waschen, putzen und in feine Ringe schneiden. Den Bleichsellerie und die Kräuter waschen, trocken tupfen und fein hacken. Die Fischfilets waschen, mit dem Zitronensaft beträufeln und salzen.

Die Gemüsebrühe mit der Crème fraiche glatt rühren. Die Zwiebelringe, den Sellerie und die Kräuter unterziehen. Mit Salz und Pfeffer würzen. Die Soße in eine Mikrowellenschüssel geben und den Fisch darauf legen. Die Schüssel abdecken und den Fisch bei 600 Watt 4 Min. garen. Dann den Fisch wenden und nochmals 3 Min. bei 600 Watt garen.
Die Petersilie und den Schnittlauch waschen und trocken tupfen. Die Petersilie hacken und den Schnittlauch in Röllchen schneiden. Die Fischfilets auf eine Platte legen, Soße darüber gießen und mit Petersilie und Schnittlauch bestreut servieren.

Pro Portion: 142 kcal / 592 kJ

Sahne-Matjes

4 Portionen

1/2 Tasse Wasser
1 Zitrone (ausgepresst)
2 Äpfel
4 Matjesfilets
3 TL Meerrettich
100 ml Sahne
Salz

Das Wasser mit dem Zitronensaft erhitzen. Die geschälten und in 8 Stücke geschnittenen Äpfel darin erhitzen; sie müssen ganz bleiben. Herausnehmen und auf Küchenkrepp abtropfen lassen. Anschließend die Apfelscheiben auf eine Platte geben.

Die, der Länge nach halbierten, Fischfilets aufrollen und aufrecht auf die Äpfel setzen. Den Meerrettich zur Sahne geben, steif schlagen und mit Salz abschmecken. Die Masse in die Filets füllen und servieren.

Pro Portion: 136 kcal / 573 kJ

Schollenfilets im Gemüsebett

4 Portionen

8 Schollenfilets
Salz
Pfeffer
1 Zitrone (ausgepresst)
3 EL Petersilie (gehackt)
1 EL Butter
1 Zwiebel
1 Kohlrabi
4 EL Weißwein (trocken)
1 EL Creme fraiche

Die gewaschenen und trocken getupften Schollenfilets mit Salz, Pfeffer und Zitronensaft einreiben. Die Oberseite mit 2 EL gehackter Petersilie bestreuen, aufrollen, mit Zahnstochern zustecken und beiseite stellen.

In einem Bräter die Butter schmelzen, zuerst die gewürfelte Zwiebel, anschließend die in Stifte geschnittenen Kohlrabi darin glasig dünsten. Mit dem Wein ablöschen und zugedeckt etwa 5 Min. schmoren lassen. Anschließend die Creme fraiche einrühren. Den Fisch darauf legen und das Ganze mit Deckel weitere 7 Min. leicht köcheln lassen.

Das Gemüse auf vorgewärmte Teller verteilen, je 2 Fischfilets darauf setzten und mit der restlichen Petersilie bestreut servieren.

Pro Portion: 84 kcal / 352 kJ

Seljodki (Heringe)

4 Portionen

2 Heringsfilets
1 Zwiebel
1 Bund Petersilie
1 Gurke
1 Tomate
2 EL Essig
1 EL Rapsöl

Salz
Pfeffer
1 TL Senf (scharf)
2 Eigelb
2 EL Essig
1 EL Rapsöl
Zucker

Die Heringsfilets auf eine Platte legen. Die Petersilie waschen und klein zupfen. Die Zwiebel schälen und in Ringe schneiden. Die Gurke schälen, die Tomate waschen und beides in Scheiben schneiden. Das Ganze auf dem Fischfilet anrichten.

Aus Essig, Öl, Salz und Pfeffer, oder wahlweise aus Senf, Eigelb, Essig, Öl und Zucker eine Marinade herstellen und den Fisch damit übergießen.

Pro Portion: 122 kcal / 511 kJ

Seelachs-Filet mit Tomatengemüse

600 g Tomaten	Salz
1 Zwiebel	Pfeffer
1 Knoblauchzehe	1 Bund Schnittlauch
1 EL Butter	3 TL kleine Kapern (Glas)
4 Seelachs-Filets (à 150 g)	1-2 EL trockener Sherry
1-2 EL Zitronensaft	Brat-Schlauch „normalbreit"

Die Tomaten überbrühen, häuten, halbieren und entkernen. Das Fruchtfleisch in kleine Würfel teilen. Die Zwiebel und den Knoblauch abziehen. Die Zwiebel achteln und den Knoblauch fein würfeln. Beides in heißer Butter anschwitzen. Die Tomatenwürfel zufügen und 2 Min. mitdünsten.

Den Elektro-Ofen auf 175 Grad vorheizen. Die Fischfilets abbrausen, trocken tupfen, mit Zitronensaft beträufeln, salzen und pfeffern. Den Schnittlauch waschen, in Röllchen teilen und mit den Kapern unter die Tomaten rühren. Das Tomatengemüse mit Salz, Pfeffer und Sherry abschmecken.

Vom Brat-Schlauch etwa 50 cm abschneiden. Ein Ende nach Packungsangabe verschließen. Tomatengemüse einfüllen, Fischfilets darauf legen. Folienenden verschließen. Brat-Schlauch von oben ein- bis zweimal einstechen. Auf einen kalten Rost legen. Auf der unteren Schiene im Ofen bei 175 Grad etwa 20 Min. garen. Die Folie aufschneiden. Den Fisch Portionsweise anrichten.

Pro Portion: 180 kcal / 760 kJ

Seeteufelspießchen

4 Portionen	2 Knoblauchzehe
2 rote Paprikaschote	Salz
600 g Seeteufelfilet	schwarzer Pfeffer, aus der Mühle
8 Holz- oder Metallspieße	1 TL getrockneter Thymian
6 EL trockener Sherry (oder Fischfond)	3 Zweige Basilikum
2 EL Zitronensaft	Bund Petersilie
2 EL Olivenöl	Basilikum

Den Backofen auf 250 Grad vorheizen. Die Paprikaschoten unter wenden im Backofen grillen oder backen bis die Haut Blasen wirft. Abkühlen lassen, häuten, längs in 2 cm breite Streifen schneiden und aufwickeln. Den Fisch in 2 cm große Würfel schneiden und abwechselnd mit Paprika auf die Spieße stecken.

Aus Sherry, Zitronensaft, 1 EL Öl, durchgepresstem Knoblauch, Salz und Pfeffer und Thymian eine Marinade rühren. Die Spieße darin wenden und 1 Std. marinieren. Die Spieße im übrigen Öl unter Wenden 7 Min. braten. Die Kräuter in Streifen schneiden und unter die Marinade rühren. Die Spieße warm halten und die Marinade kurz in der Pfanne erwärmen. Die Spieße damit Beträufeln und mit der Zitrone und dem Basilikum garniert servieren.

Pro Portion: 190 kcal

Spaghetti mit Lachs und grünem Spargel

1 Portion

Spaghetti (pro Person ca. 100 g)	1 EL Weißweinessig
grüner Spargel (pro Person 4 Stangen)	1 EL Créme frâiche
Lachs	Salz
300 ml Gemüsebrühe	Cayenne-Pfeffer

Den Spargel schälen und halbieren. Die eine Hälfte mit Kopf in mundgerechte Stücke schneiden, die andere Hälfte ohne Kopf in fingerbreite Stücke schneiden. Den Lachs in ebenfalls in mundgerechte Stücke schneiden.

Die Nudeln in einem Liter Salzwasser je 100 g bissfest garen. Dann die Gemüsebrühe erhitzen und den Lachs und die klein geschnittene Hälfte der Spargel mit Kopf hineingeben und 4 Min. gar ziehen lassen. Anschließend alles herausnehmen und warm halten.

In die Brühe nun die Spargelhälften ohne Kopf geben und 5 Min. kochen. Anschließend die Brühe und die Spargelstücke mit einem Schneidstab pürieren. Die Créme frâiche und den Weißweinessig zugeben. Nach Geschmack salzen und pfeffern und dann den Lachs und die Spitzen wieder dazugeben. Alles auf die bissfesten Nudeln gießen und behutsam vermengen.

Pro Portion: 118 kcal / 501 kJ

Steinbutt gekocht

500 ml Wasser	1 Stg Lauch
1 Zwiebel	4 Steinbuttfilets
1 Lorbeerblatt	1 EL Wermut (trocken)
250 g Fischgräten (zum Beispiel von der Seezunge)	50 g Butter
	Salz
50 g Champignons	Pfeffer
2 Weiße Rüben	Cayennepfeffer
2 Möhren	1 Bund Petersilie

In einem großen Topf das Wasser mit der grob zerkleinerten Zwiebel, dem Lorbeerblatt, den Fischgräten, und den in Scheiben geschnittenen Champignons etwa 15 Min. kochen lassen. Den Sud abseihen und anschließend bis auf etwa 200 Milliliter einkochen lassen. Nun die gewürfelten weißen Rüben, die Möhren und den in Ringe geschnittenen Lauch zufügen. Die Fischfilets in der Mitte zusammenklappen und in den Topf geben. Das Ganze etwa 5 Min. garen lassen. Den Fisch herausnehmen und warm stellen.

Anschließend den Wermut zugeben und kurz aufwallen lassen. Nach und nach die eiskalte Butter mit dem Schneebesen einrühren, bis die Soße gebunden ist. Mit Salz, Pfeffer und Cayennepfeffer abschmecken. Die Fischfilets in Suppenteller geben, mit der Soße begießen und mit der gehackten Petersilie bestreut servieren.

Pro Portion: 140 kcal / 586 kJ

Sushi mit Forellenkaviar
4 Portionen

150 g Reis (Kleb- oder Rundkornreis)
2 EL Reisessig
3 EL Reiswein
1/2 TL Salz
Zucker
1/2 TL Wasabi-Paste (japanischer Meerrettich)
3 Bl Nori-Algen
75 g Forellen-Kaviar

Den Reis in 300 Milliliter kochendem Salzwasser 20 Min. garen und anschließend 10 Min. quellen lassen. Den Reisessig, 1 EL Reiswein, Salz, Zucker und die Wasabi-Paste verrühren und unter den abgekühlten Reis heben.

Die Nori-Algenblätter einzeln auf einer Bambus-Rollmatte oder einem Küchentuch ausbreiten, mit einer Schicht Reis bestreichen und vom langen Ende her fest aufrollen. Mit einem sehr scharfen Messer in Stücke schneiden.

Den Kaviar mit dem übrigen Reiswein beträufeln. Die Sushirollen aufrecht auf einer Platte anrichten und jeweils mit einem Häufchen Kaviar belegen.

Pro Portion: 65 kcal / 272 kJ

Süßsaurer Fisch
4 Personen

400 g Victoriabarschfilet oder ein anderes festes Fischfilet
1 EL Kartoffelmehl (Stärkemehl)
2 EL Sojasauce, Pfeffer
1 Gemüsezwiebel
4 Tomaten
1 TL Sonnenblumenöl
1 EL Weißweinessig
1 EL Fischsauce
1 EL Zucker
1 EL Tomatenketchup

Den Fisch abwaschen, trocken tupfen und in ca. 20x20 cm große Streifen schneiden. Mit der Speisestärke, der Sojasauce und etwas Pfeffer vermischen und stehen lassen. Die Tomaten achteln und die Gemüsezwiebel in Ringe schneiden. In einer Pfanne oder Wok das Öl erhitzen und den Fisch ca. 3-5 Min. durchbraten, herausnehmen und zur Seite stellen. Nun die Zwiebel in eine Pfanne/Wok geben und anbraten lassen. Die Tomaten dazugeben und kurz anbraten lassen. Jetzt den Fisch dazugeben und alles verrühren. Zum Schluss mit Weißweinessig, Fischsauce, Zucker und Ketchup abschmecken.

Pro Portion: 178 kcal

Thunfisch-Röllchen

4 Portionen

8 Bl Reispapier
1 Dose Thunfisch (ohne Öl)
4 Schb Salatgurke
4 Bl Kopfsalat
2 1/2 Lauchzwiebeln
4 zw Minze
3 EL Sojasoße
2 EL Sherry (trocken)
1 TL Zitronensaft
Sambal Oelek

Die Reispapierblätter nebeneinander legen, mit Wasser besprühen und weichen lassen, bis sie formbar sind. Den Thunfisch abtropfen lassen und zerpflücken. Die Gurke schälen, entkernen, in dickere Scheiben schneiden und anschließend wie die Salatblätter, 2 Lauchzwiebeln und die Hälfte der Minzezweige in feine Streifen schneiden. Den Salat auf die Reisblätter streuen. Den Thunfisch mit der Gurke, den Zwiebeln und der Minze mischen und darauf verteilen. Die Reisblätter seitlich über die Füllung klappen, zu Röllchen einwickeln und mit der restlichen Minze garnieren.

Für den Dipp die restliche Zwiebelhälfte fein hacken. Die Sojasoße mit Sherry, Zitronensaft und Sambal Oelek verrühren. Die Zwiebel hinzufügen und die Soße in 4 Schalen geben.

Pro Portion: 105 kcal / 438 kJ

Thunfisch-Spieße

4 Portionen

2 Thunfisch-Steaks (je etwa 300 g)
Salz
Pfeffer
12 Artischockenherzen (in Öl)
12 Lorbeerblätter
1 Zitrone

Das Thunfischfleisch in mundgerechte Würfel schneiden, mit Salz und Pfeffer würzen und beiseite stellen. Die Artischocken in ein Sieb geben und abtropfen lassen. Dabei das Öl auffangen. Nun die Fischwürfel (quer zur Faser) abwechselnd mit den Artischockenherzen auf acht Holzspieße spießen. Dazwischen ab und an ein Lorbeerblatt geben. Die Zitrone achteln und an ein Ende der Holzspieße ein Stück Zitrone stecken.

Nun die Spieße mit wenig Artischockenöl bepinseln und diese in einer Pfanne ohne Fett von jeder Seite etwa 2 Min. braten. Auf vorgewärmte Teller geben und sofort servieren.

Pro Portion: 27 kcal / 112 kJ

Gebackener Schinken auf mecklenburgische Art

4 Portionen

1 Schweinekeule (1.2 kg)
1 TL Salz
Gewürznelken
150 g Brotkruste
1 TL Nelkenpulver
1 EL Zucker

Mit einem Messer in die Fettschicht 8-10 Millimeter große Rauten oder Vierecke schneiden. In jedes Schnittkreuz eine Gewürznelke stecken und mit Salz bestreuen. In eine Bratpfanne etwa 2 cm hoch Wasser füllen und die Schweinekeule hineinsetzen. Den Backofen auf etwa 150 Grad vorwärmen und bei 200 Grad die Keule gleichmäßig durchbraten. Heißes Wasser nachgießen, so dass immer etwas Wasser in der Pfanne ist.

Nach 2 Stunden das Fleisch herausnehmen und die Nelken entfernen. Auf die Fettseite die Mischung aus geriebener Brotrinde, Nelkenpulver und Zucker aufstreuen. Das Fleisch wieder in die Bratpfanne mit der Brühe setzen. Erneut in den Ofen geben und so lange darin belassen, bis die Kruste fest geworden ist. Den Braten in Scheiben geschnitten servieren.

Pro Portion: 148 kcal / 620 kJ

Tatar mit Pesto

6 Portionen

3 Z Knoblauch
300 g Tatar
2 TL Senf
1 1/2 TL Salz
2 TL Olivenöl
2 Bund Basilikum
1/2 TL Pfeffer
2 EL Pinienkerne

Eine Knoblauchzehe abziehen und fein hacken. Mit Tatar, Senf, einem TL Salz und Öl mit den Knethaken des Handrührgerätes vermengen, bis eine streichfähige Masse entstanden ist. Mit Salz und Pfeffer abschmecken. Die Masse kalt stellen.

Das Basilikum waschen und die Blättchen abzupfen. Mit restlichem Salz, Pfeffer, restlichen geschälten Knoblauchzehen und Pinienkernen im Alleszerkleinerer fein hacken.

Die Brotscheiben mit Tatar bestreichen, den Pesto darauf verteilen und mit den Basilikumblättchen garniert servieren.

Pro Portion: 111 kcal / 466 kJ

Geschmorte Lammkeule

6 Portionen

1 Lammkeule (ohne Knochen, etwa 1,2 Kg)
100 g Möhren
100 g Sellerie
3 Zwiebeln
400 ml Lammfond
100 ml Rotwein
3 EL Soßenbinder für dunkle Soße
2 EL Senf
2 Knoblauchzehen
2 EL Kräuter der Provence
1 TL Salz
1 TL Pfeffer

Zunächst die Lammkeule marinieren. Dazu wird sie mit Senf, Knoblauch, Kräutern der Provence, Salz und Pfeffer eingerieben. Dann wird die Keule in einen Bräter gelegt. Danach das Gemüse putzen, waschen und würfeln und über die Keule geben. Hinzu kommen 200 Milliliter Lammfond und der Rotwein. Das Ganze wird dann bei 200 Grad etwa 3 Stunden in den Backofen geschoben, wobei die Temperatur nach einer Stunde auf 180 Grad verringert wird. Bitte beachten: Ständiges Übergießen mit dem eigenen Fond hält die Lammkeule schön saftig.

Anschließend das Fleisch aus dem Bräter nehmen. Jetzt den Bratensaft mit dem Gemüse unter Hinzugabe der restlichen 200 Milliliter Lammfond aufkochen, pürieren und durch ein Sieb streichen. Die Soße dann erneut aufkochen, mit Soßenbinder binden und würzen.

Pro Portion: 176 kcal / 739 kJ

Rinderrouladen Babuschka

3 Portionen

3 Rinderrouladen
120 g Weißkraut
150 g Kartoffeln
Salz
Pfeffer
3 TL Senf
1 Pk Fix für Rouladen
375 ml Wasser

Die Rouladen mit Salz und Pfeffer würzen. Mit scharfem Senf bestreichen. In Streifen geschnittenes Weißkraut und die Kartoffelwürfel darauf verteilen. Aufrollen und mit Rouladennadeln schließen. Fix für Rouladen mit einem Schneebesen in Wasser einrühren und aufkochen. Die Rouladen dazugeben und bei schwacher Hitze etwa 90 Min. im geschlossenen Topf garen.

Pro Portion: 51 kcal / 214 kJ

Geschnetzeltes süßsauer
4 Personen

500 g Möhren
1 Stange Porree (250 g)
200 g Schweineschnitzel
200 g Champignons
100 g Aprikosenhälften (aus der Dose)
2 Knoblauchzehen
1 walnussgroßes Stück Ingwer
2-3 EL Öl
75 ml süßsaure Asiasoße
100 ml Aprikosensaft
1/8 l Asiafond (Glas)
Salz
2 EL Limettensaft
Schnittlauch zum Bestreuen

Die Möhren, den Porree und das Fleisch in Streifen schneiden. Die Champignons halbieren und die Aprikosen in Spalten teilen. Den Knoblauch und den Ingwer fein hacken.

Das Öl in einem Wok oder in einer großen Pfanne erhitzen. Den Ingwer und den Knoblauch darin andünsten. Dann die Schnitzelstreifen unter Rühren bei starker Hitze anbraten. Das Fleisch beiseite schieben. Das vorbereitete Gemüse dazugeben und ungefähr 5 Min. braten.

Die Aprikosen und die Asiasoße zufügen. Alles mit Aprikosensaft und Asiafond ablöschen, kurz aufkochen. Mit Salz und Limettensaft abschmecken. Zuletzt feine Schnittlauchröllchen darüber streuen und servieren.

Pro Portion: ca. 200 kcal / 840 kJ

Szegediner Gulasch
4 Portionen

5 g Öl
125 g Rindfleisch
Salz
schwarzer Pfeffer

30 g Zwiebeln
50 g Paprikaschoten (rot)
150 g Sauerkraut
1 Lorbeerblatt (klein)

Das Öl erhitzen. Das Fleisch würfeln und kräftig anbraten. Würzen und herausnehmen.

Die Zwiebel klein schneiden. Die Paprika waschen und würfeln. Die Zwiebel, das Kraut, die Paprika und den Lorbeer im Bratfett andünsten. Würzen und wenig Wasser zufügen. Zugedeckt ca. 5 Min. schmoren, dann Fleisch zugeben und noch weitere 20 Min. schmoren lassen.

Pro Portion: 92 kcal / 385 kJ

Gulasch mit Eierschwammerln

4 Portionen

500 g Eierschwammerln (Pfifferlinge)
1 Zwiebel große
2 Knoblauchzehen
1 Bd. Petersilie
2 EL Butter
1 EL Zitronensaft
0.5 l Gemüsebrühe, selbst gekocht oder aus Würfeln
1 EL Paprikapulver, edelsüß
4 EL Sahne saure
Salz
schwarzer Pfeffer, frisch gemahlen

Die Eierschwammerln (Pfifferlinge) putzen und eventuell kurz kalt abspülen. Größere Pilze halbieren. Die Zwiebel und die Knoblauchzehen schälen und fein hacken. Die Petersilie waschen, trocken schwenken und ebenfalls fein hacken.

In einem Topf die Butter erhitzen, die Zwiebel- und die Knoblauchstückchen darin glasig braten. Die Petersilie und die Eierschwammerln zufügen und bei mittlerer Hitze unter gelegentlichem Rühren etwa 10 Min. schmoren lassen.

Das Eierschwammerlgulasch mit dem Zitronensaft und der Gemüsebrühe aufgießen, das Paprikapulver unterrühren und aufkochen lassen. Die Pilze bei schwacher Hitze in etwa 10 Min. fertig garen.

Die saure Sahne unterrühren. Das Eierschwammerlgulasch mit Salz und Pfeffer abschmecken.

Pro Portion: 720 KJ

Hackfleisch-Brötchen überbacken

8 Portionen

400 g Schweinemett
100 g Champignons
2 Zwiebeln
3 Tomaten
125 g Gouda

Das Schweinemett mit den in Scheiben geschnittenen Champignons, den fein gehackten Zwiebeln und den gewürfelten Tomaten vermischen.

Die Brötchen aufschneiden und das Innere etwas aushöhlen. Die Brötchenhälften mit der Hackfleischmasse bestreichen, den geriebenen Käse darüber streuen und im auf 200 Grad vorgeheizten Backofen goldgelb überbacken.

Pro Portion: 196 kcal / 821 kJ

Italienisch-griechisches Hack-Blech

ca. 20 Stücke

2 Zwiebeln
2 Knoblauchzehen
1,5 kg gemischtes Hack
je 1 TL getr. Thymian, Basilikum und Rosmarin
1 Ei
1 EL Senf
1 EL Tomatenmark
Salz
Pfeffer
3 rote Paprikaschoten
1 EL Olivenöl
3 Tomaten
200 g Mozzarella-Käse
200 g Schafskäse
75 g schwarze Oliven
5-6 eingelegte Peperoni
frische Kräuter zum Garniere

Die Zwiebeln und den Knoblauch schälen und fein hacken. Hack, Kräuter, Ei, Senf und Tomatenmark verkneten. Mit Salz und Pfeffer würzen. Die Hackmasse auf ein geöltes Blech (ca. 35 x 40 cm) geben und glatt streichen. Im vorgeheizten Backofen bei 200 Grad ca. 20 Minuten vorbacken.

Die Paprika putzen, waschen und in Stücke schneiden. Im heißen Öl ca. 10 Min. braten. Auf Küchenpapier abtropfen lassen. Die Tomaten waschen und in Scheiben schneiden. Die Käsesorten in dünne Scheiben schneiden.

Das Hack-Blech herausnehmen. Eine Hälfte der Hackmasse mit Tomaten und Mozzarella, die andere Hälfte mit Paprika und Schafskäse belegen. Dabei zum In-Stücke-schneiden etwas Abstand lassen. Würzen. Die Oliven und die Peperoni darauf verteilen.

Bei gleicher Temperatur weitere ca. 10 Min. backen. Herausnehmen und abkühlen lassen. In Stücke schneiden und garnieren.

Pro Stück: ca. 140 kcal / 580 kJ

Kalbsnierchen auf verschiedenen Salaten

400 g Kalbsnieren
1 EL Mehl
1 Tomate
1 EL Butter
Salz
Pfeffer
1 Frisee

2 Chicoree
200 g Feldsalat
1 TL Senf
1 EL Weinessig
1 Zwiebel
Zucker

Den Salat waschen und die schlechten Blätter aussortieren. Den Salat auf 4 Tellern anrichten. Die Zwiebel schälen und fein würfeln. Aus den restlichen Zutaten eine Soße rühren und nach Geschmack würzen. Die Zwiebel hinzufügen. Die Soße über den Salat geben.

Die Kalbsnieren in kleine Scheiben schneiden. Das Butterschmalz in einer Pfanne erhitzen und die leicht mit Mehl bestäubten Nierenscheiben darin etwa 5 Min. braten. Mit Salz und Pfeffer würzen und auf den Salat geben. Die Tomate kreuzförmig einritzen und 5 Min. in kochendes Wasser legen. Kurz kalt abspülen, die Haut abziehen, entkernen, in kleine Würfel schneiden und über den Salat mit den Nierenscheiben verteilen.

Pro Portion: 192 kcal / 808 kJ

Schweinefleisch mit Bohnen vietnamesischer Art
6 Portionen

200 g Crevetten (roh)
200 g Schweinefleisch
600 g grüne Bohnen (junge)
1 Zwiebel
1 Bund Schnittlauch
1 EL Öl (zum Braten)
1 Eiweiß
1 EL Sake

1 EL Sojasauce
1 Glutamat
1 Pfeffer
1 TL Maisstärke
1 EL Sake
1 EL Sojasauce
1 Glutamat

Die Crevetten-Marinade zubereiten. Die Crevetten schälen, den schwarzen Faden (Darm) entfernen und im Kühlschrank 20 Min. marinieren. Die Fleischmarinade zubereiten. Das Schweinefleisch in feine Streifen schneiden und 15 Min. im Kühlschrank marinieren. Die Bohnen waschen putzen und halbieren. Den Schnittlauch waschen, in Röllchen schneiden und beiseite stellen für die Dekoration.

In einem Wok das Öl erhitzen und die Zwiebel anziehen lassen. Die Crevetten beigeben und 2 Min. anbraten. Dann das Schweinefleisch dazumischen. Alles 3 Min. gut braten. Nun die Bohnen hinzufügen, wieder gut mischen und zugedeckt 5-7 Min. leise kochen lassen. Mit Schnittlauch überstreuen und sofort mit Reis servieren.

Pro Portion: 125 kcal / 524 kJ

Kalbsschnitzel en papillote

4 Portionen

1 Bd. Suppengrün, evtl. mehr
250 g Champignons
1 TL Öl
1 Bd. Basilikum
Schwarzer Pfeffer
Etwas Salz
4 Kalbsschnitzel (à ca. 120 g)
Paprika, edelsüß
Backpapier oder festes Pergamentpapier

Den Backofen auf 225 Grad vorheizen. 4 große Stücke Backpapier oder Pergamentpapier bereitlegen. Das Suppengrün putzen, waschen und in streichholzfeine Stifte schneiden.

Die Champignons abreiben und in dünne Scheiben schneiden. Beides in dem Öl in einer beschichteten Pfanne bei mittlerer Hitze etwa 5 Min. unter rühren anschwitzen. Das Basilikum, wenn nötig, waschen, trocken schütteln, fein schneiden und untermischen. Alles mit Pfeffer und etwas Salz würzen. Mit 4-5 EL Wasser ablöschen.

Die Kalbsschnitzel mit Paprikapulver, Pfeffer und etwas Salz einreiben. Etwas Gemüse auf die Pergamentstücke geben, die Schnitzel darauf legen und mit dem übrigen Gemüse bedecken. Das Papier locker darüber zusammenfalten und dann die Päckchen gut verschließen. Auf ein Backblech heben und im Backofen (Mitte) in etwa 15 Min. garen.

Pro Portion: 150 kcal / 628 KJ

Kalbsschnitzel

4 Kalbsschnitzel, à 100 g
1 Zitrone, Saft
Salz
Pfeffer
4 Salbeiblätter
4 Scheib. Parmaschinken
2 EL Olivenöl
1/8 l Weißwein, bei Bedarf

Die Kalbsschnitzel leicht klopfen. Mit dem Zitronensaft beträufeln und von beiden Seiten mit Salz und Pfeffer würzen. Auf jedes Schnitzel zuerst ein Blatt Salbei und eine Scheibe Schinken mit einem Holzspießchen feststecken.

Das Öl in einer Pfanne erhitzen und das Fleisch von jeder Seite 3 Min. braten. Die Schnitzel herausnehmen und warm stellen. Den Bratensatz mit dem Wein ablöschen und etwas einkochen. Mit Salz, Pfeffer und wenig Salbei würzen.

Pro Portion: ca. 200 kcal / 837 kJ

Orangen-Roastbeef zum Buffet

24 Portionen

4 Orangen (unbehandelt)
1 EL Limettensaft
Kreuzkümmel (Cumin)
Zimt
Pfeffer
Salz
12 Schb Roastbeef (als Aufschnitt)
1/2 Bund Petersilie

Die Orangen waschen. Etwas Schale von einer Frucht sehr dünn abschneiden und in feine Späne teilen (etwa ein TL). Den Saft auspressen, mit der Orangenschale, dem Limettensaft und den Gewürzen verrühren. Das Fleisch darin mindestens 2 Stunden marinieren.

Die Schalen der restlichen Orangen so mit einem Messer abschneiden, dass auch die weiße Haut mit entfernt wird. Das Fruchtfleisch in 24 gleichmäßige Scheiben schneiden. Die abgetropften Roastbeef-Scheiben der Länge nach halbieren und auf den Orangen anrichten. Mit den Petersilienblättern garnieren.

Pro Portion: 32 kcal / 136 kJ

Schweinebauch mit Joghurtsoße

4 Portionen

4 Schb Schweinebauch
1 Zwiebel
50 g Butter
1 EL Mehl
300 g Joghurt
6 TL Soße 'double' (für dunkles Fleisch und Wild)
2 TL Pfefferkörner
Salz
Pfeffer

Für die Soße die Zwiebel schälen und dann fein hacken. 30 g Butter in einem Topf erhitzen. Die Zwiebel darin anschwitzen, das Mehl darüber stäuben und unter ständigem Rühren den Joghurt zugeben. Die Soße 'double' und die grünen Pfefferkörner zufügen. Mit Salz und Pfeffer abschmecken und zugedeckt etwa 10 Min. bei milder Hitze köcheln lassen.

Die restliche Butter in einer Pfanne erhitzen und die Fleischscheiben darin auf beiden Seiten braun braten. Herausnehmen und warm stellen. Den Bratenfond in die Soße geben und nochmals kurz erwärmen. Sofort servieren.

Pro Portion: 165 kcal / 691 kJ

Roastbeefstreifen in Kerbelgelee

2 Personen

5 Blatt weiße Gelatine
250 ml Rinderfonds (guten!)
Salz
Pfeffer
5-6 Tropfen roten oder grünen Tabasco
3-4 TL Zitronensaft
2-3 TL Sherry nach Belieben
1 Handvoll Kerbel
4 Scheiben gegartes Roastbeef
80 g saure Sahne oder Schmant
1 TL scharfen Senf (Dijon)

Die Gelatine einweichen. Etwas Fond erhitzen und die Gelatine darin auflösen. Den übrigen Fond unterrühren, würzen und abschmecken. Den Kerbel waschen und verlesen. Eventuell einige Blättchen als Dekoration beiseite legen. Den Rest hacken und unter den Fond rühren.

Das Roastbeef in Streifen schneiden und in 2 Tassen o.a. passende Formen verteilen. Den Fond darüber gießen und 2-3 Stunden kalt stellen.

100 g Joghurt (oder 80 g Schmant) mit Senf, Salz und Pfeffer verrühren. Die Tassen kurz in warmes Wasser stellen. Das Gelee auf Teller stürzen und nochmals kurz kalt stellen. Mit dem restlichen Kerbel bestreuen und mit der Senfsauce anrichten.

Pro Portion: 140 kcal

Ananas-Weißkohl-Gemüse

1 kleiner Weißkohl (etwa 500 g)
1/2 Ananas
1 Bund Lauchzwiebeln
1 TL grüne Pfefferkörner (Glas)
2 EL Butter oder Margarine
50 g Schlagsahne
Salz
Pfeffer

Den Weißkohl putzen, waschen, vierteln und den harten Strunk herausschneiden. Die Viertel quer in sehr feine Streifen hobeln. Von der Ananas den Schopf und den Stielansatz abschneiden. Die Ananas schälen, längs vierteln und den Strunk entfernen. Die Viertel längs halbieren und in dünne Scheiben teilen.

Die Lauchzwiebeln waschen, putzen und schräg in dünne Scheiben schneiden. Die Pfefferkörner hacken. Den Weißkohl in der heißen Butter unter gelegentlichem Rühren andünsten. Im geschlossenen Topf etwa 8 Min. bei mittlerer Hitze garen.

Die Lauchzwiebeln, die Ananas und die Pfefferkörner zum Weißkohl geben und mit erhitzen. Mit Salz und Pfeffer abschmecken und mit der Sahne beträufeln.

Pro Portion: 160 kcal / 670 kJ

Äpfel im Zwiebelbeet
4 Portionen

400 g Zwiebeln
Paprikapulver
1/4 TL Salz
4 Äpfel
90 g Saure Sahne
50 g Käse (gerieben)
1 Ei
Pfeffer
125 ml Gemüsebrühe

Zunächst die Zwiebeln pellen, in 3 Millimeter dicke Scheiben schneiden und in eine gefettete Gratinform geben. Das Ganze mit Paprika und Salz würzen. Nun die Äpfel schälen, die Kerngehäuse entfernen, quer halbieren und in das Zwiebelbeet setzen.

Nun für die Füllung Saure Sahne, Käse, Ei, Paprika und Pfeffer mischen und in den ausgehöhlten Äpfeln verteilen. Schließlich die Gemüsebrühe über die Zwiebeln gießen.

Etwa 30 Min. bei 220 Grad im Ofen backen. Mit Silberfolie abdecken und nochmals 10 Min. in den Backofen.

Pro Portion: 168 kcal / 708 kJ

Apfelrotkohl
2 Personen

400 g Rotkohl
100 g Apfel
1 klein. Zwiebel
2 Gewürznelken
1 Lorbeerblatt
20 g Schmalz
1 EL Essig
1 Spritzer flüssiger Süßstoff
Salz
schwarzer Pfeffer
100 ml entfettete, heiße Fleisch- oder Knochenbrühe

Den Kohlkopf putzen, halbieren und den Strunk herausschneiden. Den Rotkohl in feine Streifen schneiden. Den Apfel vierteln und in Scheiben schneiden. Die Zwiebel schälen und mit den Nelken und dem Lorbeerblatt spicken.

Das Schmalz in einem Schmortopf zerlassen, dann den Kohl und die Apfelscheiben in das Fett geben. Mit dem Essig, dem Süßstoff, Salz und Pfeffer würzen. Gut umrühren. Die Fleischbrühe dazugießen und die Zwiebel dazugeben. Das Gemüse zugedeckt bei mittlerer Hitze 30-40 Min. schmoren lassen. Dabei ab und zu umrühren.

Die Zwiebel herausnehmen und den Rotkohl eventuell nochmals würzen.

Pro Portion: 170 kcal

Artischocken gebraten
4 Portionen

6 Artischocken (klein)
1 EL Zitronensaft
2 EL Olivenöl
2 Z Knoblauch
1/2 Bund Petersilie
Salz
Pfeffer

Die Artischocken waschen und die äußeren Blätter abzupfen. Nun den Stiel spitz zulaufend schälen, die Artischocken achteln und mit Zitronensaft beträufeln. Anschließend in heißem Öl etwa 5 Min. schmoren. Dabei mehrmals umrühren.

Den gepressten Knoblauch und die gehackte Petersilie zugeben. Das Ganze mit Salz und Pfeffer würzen und weitere 2 Minuten erwärmen. Auf vorgewärmten Tellern heiß servieren.

Pro Portion: 61 kcal / 255 kJ

Auberginen indische Art

4 Portionen

500 g Auberginen
1 Zwiebel
2 Peperoni (grün)
2 TL Senfpulver (schwarz)
4 Knoblauchzehen
1 TL Currypulver
1/2 TL Kurkuma
1 EL Curry
1 Spr Essig
1 TL Öl (Sonnenblumen, zum anbraten)
Salz

Die Auberginen in etwa 1cm große Würfel schneiden, in Öl anbraten und beiseite stellen.

Nun die Zwiebeln schälen und fein schneiden. Zusammen mit den Peperoni, den Knoblauchzehen und dem Curry anbraten.

Die Auberginen dazugeben und alles noch einmal etwa 15 Min. schmoren lassen.

Pro Portion: 150 kcal / 630 kJ

Auberginencurry-Indische Art

600 g Auberginen
1 Knoblauchzehe
2 EL Olivenöl
3-4 EL Currypulver
1 TL Zimt
1 Dose Kokosmilch (400 ml)
Salz
Pfeffer
1 Töpfchen Koriander

Die Auberginen waschen und in Stücke schneiden. Die Zwiebeln schälen und in Spalten schneiden. Den Knoblauch fein hacken.

Das Öl in einem Topf erhitzen. Die Auberginen, die Zwiebeln und den Knoblauch andünsten. Curry, Zimt und Kokosmilch dazugeben. Etwa 30 Min. garen lassen. Mit Salz und Pfeffer abschmecken. Die Korianderblättchen abzupfen und darüber streuen.

Pro Portion: ca. 100 kcal

Auberginen-Sesam-Paste

4 Portionen

2 Auberginen
0,2 Tasse Sesampaste (Tahini)
1/2 TL Kreuzkümmel (zerstoßen)
3 Z Knoblauch
2 EL Olivenöl (extra vergine)
3 EL frischer Zitronensaft
1 EL frische Petersilie (gehackt)
1 1/2 TL Salz

Zunächst den Grill vorheizen. Den Knoblauch schälen und mit einem halben TL Salz fein zerstoßen.

Kleine Löcher rundherum in die Auberginen einstechen und auf einem Rost im Grill etwa 20-35 Min. grillen (etwa 10 Zentimeter über der Hitzequelle). Dabei etwa alle 10 Min. wenden. Abkühlen lassen.

Den Stielansatz und die verkohlte Schale von den Auberginen entfernen und Auberginenfleisch mit Tahini, Knoblauchpaste, Zitronensaft, Kreuzkümmel und Salz pürieren, bis alles gut gemischt ist. Eventuell nachsalzen.

Auf einer flachen Schüssel anrichten, mit Öl beträufeln und mit Petersilie garnieren.

Pro Portion: 142 kcal / 597 kJ

Avocado-Salat

6 Personen

6 Tassen handlich zerkleinerter grüner Salat
3 reife, mittelgroße Tomaten, in Stücke geschnitten
5 grüne Zwiebeln, gehackt
1 kleine Gurke, gewaschen und in Würfel geschnitten
3 EL Zitronensaft
1/3 TL Knoblauchgranulat
1 TL gemahlener schwarzer Pfeffer
1/2 TL Salz
1 große, reife, geschälte Avocado

Grüner Salat, Tomaten, Zwiebeln und Gurke werden gründlich gemischt. 2 EL Zitronensaft werden mit Knoblauchgranulat, schwarzem Pfeffer und Salz gemischt und über die Salatmischung gegeben. Die Avocado halbieren, entkernen und in dünne Scheiben schneiden. Diese Scheiben werden oben auf dem Salat strahlenförmig verteilt und mit dem restlichen Zitronensaft beträufelt, damit sich die Avocados nicht braun verfärben. Sofort servieren.

Pro Portion: ca. 85 Kcal

Baked Beans

8 Portionen

400 g Weiße Bohnen (klein, getrocknet)
2 Zwiebeln
150 g Frühstücksspeck
500 ml Wasser
1 EL Senf (mittelscharf)
5 EL Ahornsirup
3 EL Apfelessig
Salz
Pfeffer

Die Zubereitungszeit beträgt 2 Tage.

Die Bohnen in Wasser geben und über Nacht quellen lassen. Nach dem Abtropfen die Bohnen in einem Topf mit reichlich frischem Wasser aufsetzen und etwa 15 Min. mit Deckel köcheln lassen. Anschließend in ein Sieb abschütten und mit den gewürfelten Zwiebeln vermischen.

Die Hälfte der Speckscheiben in eine feuerfeste Form legen und mit der Hälfte der Bohnenmischung bedecken. Mit den restlichen Zutaten ebenso verfahren.

In einem Topf Wasser, Senf, Ahornsirup, Essig, Salz und Pfeffer erwärmen und die Bohnen damit begießen. Das Ganze mit Deckel im auf 130 Grad vorgeheizten Backofen etwa 3 ½ Stunden garen. Eventuell zwischendurch mit Wasser auffüllen, die Bohnen sollten nicht zu trocken werden.

Pro Portion: 127 kcal / 533 kJ

Blech-Kartoffeln

10 Portionen

3 EL Rapsöl
3 TL Salz
3 TL Mohn
3 TL Sesam
3 TL Kümmel
2 kg Kartoffeln

Ein Backblech mit Öl bepinseln und mit Salz, Mohn, Sesam und Kümmel bestreuen. Nun die gewaschenen und halbierten Kartoffeln mit der Schnittfläche nach unten darauf geben. Das Ganze im auf 180 Grad vorgeheizten Backofen etwa eine halbe Stunde backen.

Pro Portion: 176 kcal / 736 kJ

Blumenkohlrohkost

4 Portionen

1/2 Blumenkohl
1 Zwiebel (klein)
1 Gewürzgurke
1 Apfel
1 EL Nüsse
5 EL Schlagsahne
1 EL Öl
1/2 TL Zucker
1/2 Zitrone (Saft davon)
Salz
Pfeffer

Zunächst den Blumenkohl waschen, in Röschen teilen und 10 Min. in kaltes Salzwasser legen. Anschließend die Zwiebel und die Gewürzgurke in kleine Würfel schneiden und den Apfel grob raspeln.

Für die Soße Sahne, Öl, Zucker, Salz und Pfeffer mischen und den Zitronensaft zugeben. Zum Schluss alles mischen, die Nüsse hinzugeben und sofort servieren.

Pro Portion: 153 kcal / 640 kJ

Bohnen mit Tomaten und Salbei

4 Portionen

500 g Buschbohnen
Salz
4 Tomaten
1 Zwiebel
2 EL Butter
Pfeffer
2 TL Salbei (gehackt)

Die Buschbohnen waschen, abfädeln und in kochendem Salzwasser bissfest kochen.

Die Tomaten waschen, entstielen und mit heißem Wasser überbrühen. Dann die Haut abziehen und Tomaten vierteln. Die Zwiebel schälen und fein würfeln. Die Butter in einer Pfanne schmelzen und die Zwiebelwürfel darin goldgelb dünsten. Die Bohnen und die Tomatenviertel zugeben und kurz mitdünsten.

Mit Pfeffer, Salz und Salbei würzen und heiß servieren.

Pro Portion: 91 kcal / 383 kJ

Bohnensalat mit Rucola

4 Personen

1 Bd. frisches oder 1 TL getrocknetes Bohnenkraut
Salz
500 g grüne Bohnen
250 g Kirschtomaten
1 Bund Rucola
1 rote Zwiebel
1 Knoblauchzehe
3 EL Balsamico-Essig
Pfeffer
4 EL Olivenöl
2 EL Pinienkerne

Salzwasser in einem Topf zum Kochen bringen. Das frische Bohnenkraut abbrausen. Die Bohnen kurz abbrausen, putzen, falls nötig die Fäden abziehen und große Bohnen halbieren. Die Bohnen und das Bohnenkraut ins kochende Wasser geben. Das Gemüse in ca. 18 Min. bissfest garen. In ein Sieb abgießen, eiskalt abschrecken und gut abtropfen lassen. Das Bohnenkraut entfernen.

Die Tomaten waschen, putzen und halbieren. Den Rucola abbrausen, trocken tupfen und die Blätter in Stücke zupfen. Die Zwiebel abziehen, längs vierteln und in Spalten schneiden. Mit Rucola, Tomaten und den Bohnen in einer Schüssel vermengen. Den Knoblauch abziehen und durchpressen. Mit Essig, Salz und Pfeffer verrühren. Das Olivenöl langsam unterrühren.

Die Pinienkerne in einer Pfanne ohne Fettzugabe goldbraun rösten. Die Marinade über den Salat geben und mit den Pinienkernen bestreuen. Beim Rösten der Pinienkerne die Pfanne häufig rütteln, damit sie nicht schwarz werden.

Pro Portion: ca. 200 kcal

Bundmöhren mit Buttermandeln

4 Portionen

1 Bund Möhren
2 EL Butter
Zucker
Salz
Pfeffer
50 g Mandeln (gestiftelt)

Die Möhren putzen und ca. 4 cm Grün stehen lassen. In einem Topf 1 EL Butter auslassen und die Möhren zugedeckt darin etwa 10 Min. dünsten. Ab und zu umrühren und mit Zucker, Salz und Pfeffer abschmecken. In einer Pfanne die restliche Butter schmelzen und die Mandeln darin rösten. Die gerösteten Mandeln über die Möhren verteilen.

Pro Portion: 132 kcal / 553 kJ

Bunter Gemüsesalat

4 Portionen

1 Zucchini
1 Möhre
1 Rettich
1 Paprikaschote (gelb)
1 Paprikaschote (grün)
2 EL Zitronensaft
4 EL Kräuter (gehackt, zum Beispiel Kerbel, Pfefferminze, Petersilie)
Salz
Pfeffer
Zucker
5 EL Rapsöl

Die Zucchini putzen und waschen. Die Möhre und den Meerrettich schälen. Die Paprika halbieren, die Kerne entfernen und waschen. Das Gemüse in gleichmäßig lange, dünne Streifen schneiden.

Den Zitronensaft mit den Kräutern, den Gewürzen und dem Rapsöl verrühren und mit dem Gemüse vermischen. Den Gemüsesalat vor dem Servieren etwas durchziehen lassen

Pro Portion: 181 kcal / 760 kJ

Bunter Gemüse-Salat

4 Portionen

375 g Möhren
500 g Porree
1 Dose (314 ml) Bambusschösslinge in Stücken
2 Knoblauchzehen
1/2 Topf Koriander
2 EL Öl
5 EL Sojasoße
100 g Asia Gewürz-Sauce süß-sauer
1/2 TL Sambal Oelek
3 EL Limettensaft
Salz

Die Möhren in Stifte, den Porree in Ringe und den Bambus in Scheiben schneiden. Den Knoblauch und den Koriander hacken.

Das Öl erhitzen. Das Gemüse bei starker Hitze unter Rühren kurz anbraten. Den Knoblauch und den Koriander zufügen. Die Sojasoße und die Gewürz-Sauce unterrühren. Mit Sambal Oelek, Limettensaft und Salz abschmecken.

Pro Portion: ca. 130 kcal

Buntes Frühlingsgemüse

4 Portionen

250 g Kohlrabi
350 g Möhren junge
250 g Zuckerschoten
150 g Spinat
0.5 Bd. Frühlingszwiebeln
3 Knoblauchzehen
3 EL Butter
Salz
Pfeffer, frisch gemahlen
125 ml Gemüsebrühe
5 EL Kräuterfrischkäse
1/2 Zitrone, Saft von
1 Handvoll Kerbel

Den Kohlrabi und die Möhren schälen und in Würfel von etwa 1/2 cm Kantenlänge schneiden. Die Zuckerschoten waschen und in Rauten schneiden. Den Spinat waschen, gut abtropfen lassen und von den Stielen befreien. Die Frühlingszwiebeln putzen, waschen und mit dem hellen Grün in feine Ringe schneiden. Den Knoblauch schälen.

Die Butter in einer Pfanne erhitzen. Den Knoblauch durch die Presse dazu drücken. Die Möhren und den Kohlrabi dazugeben und etwa 4 Min. dünsten. Dabei öfter umrühren.

Die Zuckerschoten, den Spinat und die Zwiebeln untermischen. Alles salzen, pfeffern und mit der Gemüsebrühe aufgießen. Den Deckel aufsetzen und das Gemüse etwa 15 Min. garen.

Den Frischkäse mit dem Zitronensaft glatt rühren, unter das Gemüse mischen und nochmals abschmecken. Den Kerbel abbrausen, von den Stängeln befreien und die Blättchen auf das fertige Gemüse streuen.

Pro Portion: 795 KJ

Feldsalat mit Löwenzahn

100 g Feldsalat
20 g junge und frische Löwenzahnblätter
4 TL Olivenöl
1 gepresste Knoblauchzehe

Den Feldsalat und die Löwenzahnblätter gründlich waschen und in eine Salatschale geben. Das Olivenöl in einer kleinen Schale mit der gepressten Knoblauchzehe verrühren und dann über den Salat gießen und gut vermischen.

Pro Portion: 120 Kcal

Caldo Verde

4 Portionen

500 ml Hühnerbrühe
320 g Kartoffeln, geschält
2 Knoblauchzehen
Salz
schwarzer Pfeffer
300 g Grünkohl
4 TL Olivenöl

Die Hühnerbrühe zum Kochen bringen. Die Kartoffeln würfeln, den Knoblauch schälen und alles 20 Min. in der Brühe garen. Währenddessen den Grünkohl waschen und in millimeterfeine Streifen schneiden. Den Topf mit Brühe vom Herd nehmen. Die Kartoffeln und den Knoblauch mit dem Pürierstab zerkleinern. Mit Salz und Pfeffer würzen.

Die Grünkohlstreifen zufügen und das Ganze nochmals 5 Min. bei geöffnetem Deckel kochen lassen. Der Kohl sollte gar, aber noch fest sein. Zuletzt das Olivenöl unter die Suppe ziehen, abschmecken und heiß servieren.

Pro Portion: 130 kcal / 544 kJ

Chicoree in Avocadocreme

4 Portionen

2 Chicoree
1 Avocado
1/2 Zitrone (gepresst)
Salz
Pfeffer
Chilipulver
1/2 Bch Joghurt

Den Chicoree putzen, waschen und das bittere Ende kegelförmig ausschneiden. Anschließend den Chicoree in Scheiben schneiden.

Das Avocadofleisch auslösen und mit Zitronensaft, Salz, Pfeffer, Chilipulver und Joghurt pürieren. Nun die Avocadocreme mit dem Chicoree mischen.

Pro Portion: 148 kcal / 618 kJ

Chicoreesalat mit Champignons

4 Portionen

400 g Chicoree
100 g Champignons
2 TL Zitronensaft
100 g Weintrauben grüne
2 EL Magerquark
1 Eigelb
Salz
1 Msp. Zucker
schwarzer Pfeffer, frisch gemahlen
1 EL Apfelessig
3 EL Distelöl
6 Blätter Pfefferminze

Vom Chicoree die schlechten Außenblätter entfernen, die Stauden waschen und 8 ganze Blätter beiseite legen. Die Wurzelenden kürzen und einen etwa 3 cm großen Keil herausschneiden. Die Stauden in 3 cm breite Streifen schneiden.

Die Stielenden der Champignons etwas kürzen. Die Pilze lauwarm abbrausen und in Scheiben schneiden. Mit dem Chicoree und dem Zitronensaft vermengen.

Die Weintrauben waschen, abtropfen lassen, jede Traube halbieren und die Kerne entfernen. Den Quark mit dem Eigelb, etwas Salz und Pfeffer, dem Zucker, dem Essig und dem Öl verrühren und unter den Salat heben.

Die Pfefferminze waschen und streifig schneiden. Eine Salatplatte mit den ganzen Chicoreeblättern auslegen. Den angemachten Salat, die Weintrauben und die Minze darauf geben.

Pro Portion: 490 KJ

Auberginen mit Schafskäse

4 Portionen

2 Auberginen
70 g Schafskäse
1 EL Harissa
1 EL Olivenöl
1 EL Öl
Salz

Die Auberginen halbieren und in fingerdicke Scheiben schneiden. Die Scheiben kurz in kaltes Salzwasser legen, herausnehmen und mit Küchenkrepp trocken tupfen. Das Pflanzenöl heiß werden lassen und die Scheiben darin braun braten. Herausnehmen und jede Scheibe mit einem Stück Schafskäse belegen. Harissa mit Olivenöl mischen und alles über die Auberginenscheiben geben.

Pro Portion: 128 kcal / 541 kJ

Chili vegetarisch

3 Portionen

1 Paprikaschote, rote
1 Paprikaschote, grüne
1/2 Bd. Frühlingszwiebeln
1 Dos. Kidneybohnen (Abtropfgewicht 240 g)
2 EL Olivenöl extra vergine
1 Beutel Gemüseküche Fix für Ratatouille
1 TL Chilipulver
1 Stück frischer Rettich
1/2 Bd. Petersilie

Die Paprikaschoten halbieren, entkernen und in Stücke schneiden. Die Frühlingszwiebeln putzen, waschen und in Ringe schneiden.

Die Paprikaschotenstücke und die Frühlingszwiebeln in dem Olivenöl anbraten. 1/4 l Wasser zugießen und den Fisch für die Ratatouille einrühren. Unter Rühren aufkochen und zugedeckt bei schwacher Hitze etwa 5 Min. garen. Die Bohnen zufügen. Weitere 5 Min. kochen lassen. Mit Chilipulver abschmecken.

Den Rettich schälen, raspeln und mit gehackter Petersilie vermischen. Zum Chili servieren.

Pro Portion: ca. 195 kcal / 816 KJ

Gurkensalat mit Krabben

4 Portionen

1 Salatgurke
150 g Krabben (küchenfertig)
1 EL Zitronensaft
1 EL Weißweinessig
Salz
2 EL Rapsöl
Pfeffer
1 Bund Dill

Die geschälte und in Scheiben gehobelte Gurke mit den Krabben mischen.

Zitronensaft, Essig und Salz gut verrühren. Das Öl unter ständigem Rühren einfließen lassen und die Vinaigrette mit Pfeffer abschmecken. Das Dressing über die Gurken gießen und alles gut durchmischen. Den Salat mit gehacktem Dill bestreut servieren.

Pro Portion: 112 kcal / 469 kJ

Chinesischer Frühlingssalat

4 Portionen

10 g getrocknete chinesische Champignons oder Mu-Err-Pilze
100 g Buchweizennudeln
1/2 EL Öl
1/2 Rote Paprikaschote
1/2 Gelbe Paprikaschote
50 g Lauch/Porree
75 g Salatgurke
Soße
2 TL Öl
1 EL Sojasoße
1/2 EL Essig
50 g gekochter Schinken
Salz
Pfeffer

Die Pilze 30 Min. in kaltem Wasser einweichen. Die Nudeln in kochendes Salzwasser, dem das Öl zugesetzt wurde, einlegen und ca. 4-6 Min. unter gelegentlichem Umrühren leicht sprudelnd kochen lassen. Das Nudelwasser abgießen und die Nudeln in ein Sieb schütten. Kalt abschrecken. Die Paprikaschoten und den Lauch waschen, putzen bzw. entkernen und in gleichgroße Stücke schneiden. Die Gurke halbieren, die Kerne entfernen und die Gurkenhälften in 1 cm dicke Streifen schneiden. Den Paprika und den Lauch kurz in kochendem Wasser blanchieren, herausnehmen und abschrecken. Den Schinken für die Salatsoße würfeln und die Soße anmachen. Die Pilze ausdrücken, in feine Streifen schneiden und in eine Schüssel geben. Mit dem Gemüse und den Nudeln unter die Salatsoße mischen. Anschließend den Frühlingssalat kaltstellen.

Pro Portion: 175 kcal / 733 kJ

Einfaches Salatdressing

4 Portionen

200 g Joghurt (1,5 %)
2 EL Mayonnaise (50 %)
1 EL geriebener Meerrettich (Fertigprodukt)
1 TL Dijon-Senf
1 EL gehackte Petersilie
1 TL gehackter Dill
1/4 TL Selleriesalz
Salz
schwarzer Pfeffer

In einer großen Schüssel den Joghurt und die Mayonnaise gut verrühren. Den Meerrettich, den Senf, die Petersilie, den Dill, das Selleriesalz und den Pfeffer dazugeben und alles gut miteinander vermischen.

Pro Portion: 50 kcal / 207 kJ

Fleischtomaten mit Thunfisch gefüllt

4 Fleischtomaten
2 Dosen Thunfisch (ohne Öl)
3 EL Creme fraiche
1/2 Zitrone (ausgepresst)
1 Pk Kresse
1 TL Meerrettich
Salz
Pfeffer

Von den gewaschenen Tomaten einen Deckel abschneiden und mit einem Löffel aushöhlen. Die Deckel und das Fruchtfleisch fein hacken. Den abgetropften Thunfisch in einer Schüssel mit einer Gabel zerpflücken. Das Fruchtfleisch, die Creme fraiche und den Zitronensaft zugeben und glatt rühren. Die Kresse vorsichtig unterheben. Die Masse mit Meerrettich, Salz und Pfeffer abschmecken und in die innen gesalzenen und gepfefferten Tomaten füllen.

Pro Portion:184 kcal / 771 kJ

Eierkuchenrollen mit Spinat
4 Personen

100 g Spinat
50 g Rucola
100 g Möhren
1 EL Sojasoße
1 TL Speisestärke
5 Eier
Salz
Pfeffer
2 EL Butter

Den Spinat und den Rucola waschen, putzen, in kochendem Wasser blanchieren, abgießen, ausdrücken und fein hacken. Die Möhren schälen und fein würfeln. Spinat, Rucola, Möhren, Sojasoße, Stärke, 1 Ei, Salz und Pfeffer vermischen.

Die restlichen Eier verquirlen. Die Butter in einer Pfanne erhitzen. Die Hälfte der Eimasse hineingeben. Sobald die Oberfläche gestockt ist, den Pfannkuchen auf einen Teller geben und die Hälfte der Füllung darauf verteilen. Die restliche Eimasse, bis auf 1 TL, in die Pfanne geben und einen zweiten Pfannkuchen ausbacken. Restliche Füllung darauf verteilen. Aufrollen, die Ränder mit dem übrigem Ei bestreichen und festdrücken.

Die Pfannkuchenrollen auf einem feuerfesten Teller geben. In einen Dampfeinsatz, 2 cm über köchelnden Wasser, zugedeckt ca. 20 Min. dämpfen. Die Teller herausnehmen. Die Eierkuchenrollen ausschneiden und sofort servieren. Je nach Geschmack mit Kräutern garnieren.

Pro Portion: ca. 190 kcal

Folienkartoffeln mit Dipp

10 Portionen

10 Kartoffeln (mittelgroß)
3 Z Knoblauch
75 ml Öl (Sonnenblumenöl)
1/4 TL gemahlener Pfeffer
1 Chilischote (klein)
1 Dose Mais (Konserve)
250 g Creme fraiche

Zunächst die Kartoffeln waschen und trocken tupfen. Dann die Knoblauchzehen pressen und mit Öl, Salz und Pfeffer verrühren.

Nun 10 Stückchen Alufolie vorbereiten und jeweils mit dem Knoblauchöl bepinseln. Darin die Kartoffeln einwickeln.

Für den Dipp: Die Chili-Schote aufschlitzen und entkernen. Dann ordentlich waschen, trocknen und fein hacken. Schließlich den Mais pürieren, mit den Chiliwürfeln und der Creme fraiche verrühren. Den exotischen Dipp mit Salz und Pfeffer abschmecken.

Tipp: Die Kartoffeln an die Glut legen und je nach Größe etwa 30-45 Minuten grillen.

Pro Portion: 140 kcal / 585 kJ

Kartoffelgulasch

4 Portionen

500 g Kartoffeln
100 g Speck (durchwachsen)
3 Zwiebeln
1 Salatgurke
500 ml Gemüsebrühe
3 EL Soßenbinder (hell)
1 EL Balsamessig
Salz
Pfeffer
Petersilie

Ungeschälte Kartoffeln in reichlich Salzwasser 20 Min. garen. In der Zwischenzeit den Speck würfeln und die geschälten Zwiebeln fein hacken. In einer Pfanne den Speck auslassen, herausnehmen und beiseite stellen. Anschließend die Zwiebeln im Speckfett glasig dünsten. Die geschälte, halbierte und in fingerdicke Stücke geschnittene Gurke zugeben und mit Brühe ablöschen.

Die Kartoffeln pellen, grob würfeln und zu den Gurken geben. Mit Soßenbinder andicken und mit Essig, Salz und Pfeffer abschmecken. Mit den Speckwürfeln und mit gehackter Petersilie bestreut servieren.

Pro Portion: 192 kcal / 806 kJ

Eierrollen mit Gemüsefüllung

8 Portionen

100 g Mehl
125 ml Wasser
3 Eier
2 Prisen Salz
80 g Zwiebeln
2 Z Knoblauch
250 g Weißkraut
200 g Möhren
80 g Stangensellerie
100 g Lauch
4 EL Rapsöl
1 Prise Pfeffer
2 EL Petersilie (feingehackt)
2 EL Butterschmalz

Das Mehl in eine Schüssel sieben und mit Wasser, den Eiern und einer Prise Salz zu einem glatten Teig verrühren. Den Teig etwa 30 Min. quellen lassen.

Für die Füllung die Zwiebeln und den Knoblauch schälen und fein hacken. Das Weißkraut in feine Streifen schneiden. Die Möhren schälen, den Stangensellerie putzen und in dünne Stifte schneiden. Den Lauch putzen, waschen und ebenfalls in dünne Stifte schneiden.

Das Öl in einer entsprechend großen Pfanne erhitzen, die Zwiebel- und Knoblauchwürfel zufügen und glasig anschwitzen. Das vorbereitete Gemüse in die Pfanne geben, kurz mitdünsten lassen und die Hitze reduzieren. Das Gemüse etwa 10-12 Min. dünsten und mit einer Prise Salz und Pfeffer abschmecken. Mit einem EL Petersilie bestreuen.

Eine Pfanne dünn mit etwas zerlassener Butter auspinseln und nacheinander 8 dünne Pfannkuchen von etwa 20 cm Durchmesser backen.

Die Pfannkuchen auf einer Arbeitsfläche auslegen und die Füllung darauf verteilen. Zuerst die Längsseiten bis zur Mitte über die Füllung legen, dann aufrollen. Die Butter in einer Pfanne zerlassen, die Eierrollen hineingeben und rundherum kurz goldgelb ausbacken.

Mit der restlichen gehackten Petersilie bestreuen und mit Feldsalat servieren.

Pro Portion: 168 kcal / 701 kJ

Französisches Erbsengemüse

4 Portionen

1 EL Butter
5 Zwiebeln
5 Bl Kopfsalat
1 Tasse Wasser
1/2 TL Fondor
1 Pk Erbsen (TK)
1 TL Zucker
Salz
Pfeffer
2 TL Speisestärke

Die Butter in einem Topf erhitzen und die in Achtel geschnittenen Zwiebeln darin dünsten. Den in Streifen geschnittenen Kopfsalat zugeben und mit dem Wasser ablöschen. Mit Fondor abschmecken und etwa 5 Min. garen lassen. Danach die Erbsen und den Zucker hinein geben. Mit Salz und Pfeffer würzen und zugedeckt weitere 3 Min. köcheln. Die Stärke mit ein wenig kaltem Wasser anrühren. Das Gemüse damit binden und noch einmal kurz aufkochen lassen.

Pro Portion: 104 kcal / 434 kJ

Frittiertes Gemüse im Teigmantel

4 Portionen

1 Ei
80 g Mehl
200 ml Buttermilch
Muskatnuss
Salz
1 TL Rapsöl
250 g Brokkoli
250 g Spargel
300 g Rosenkohl
150 g Champignons
2 Zwiebeln
1 Paprika (rot)
 Rapsöl (zum Frittieren)

Das Ei trennen. Das Eigelb mit Mehl, Buttermilch, Salz, Muskatnuss und einem TL Rapsöl zu einem dickflüssigen Teig verrühren. Eine Stunde ruhen lassen. Das Eiweiß steif schlagen und vorsichtig unter den Teig heben. Das Gemüse waschen und putzen. Die Brokkoliröschen 5 Min., den Rosenkohl 10 Min. garen. Das restliche Gemüse mundgerecht schneiden, auf eine Gabel spießen und durch den Teig ziehen. Das Rapsöl in einem Topf oder einer Friteuse auf 180 Grad erhitzen. Das "Teig-Gemüse" im Rapsöl goldgelb ausbacken. Auf Küchenkrepp abtropfen. Heiß servieren.

Pro Portion: 199 kcal / 834 kJ

Fruchtiger Salat mit Cheese-Dipp

10 Portionen

3 Pink Grapefruits
50 g Hüttenkäse
200 g Doppelrahm-Frischkäse
100 ml Milch
Salz
Pfeffer nach Belieben
1-2 EL Weißweinessig
3 rote Paprikaschoten
2 große Köpfe Romana-Salat
75 g Pecan-Nusskerne

Am Vormittag die Grapefruits dick schälen und filetieren. Den austretenden Saft dabei auffangen. Die Filets zugedeckt zur Seite stellen.

Beide Käsesorten mit der Milch und dem Grapefruitsaft glatt rühren. Das Dressing mit Salz, Pfeffer und eventuell Essig abschmecken und kalt stellen.

Die Paprikaschoten vierteln, putzen und waschen. Die Schoten 1 cm groß würfeln. Den Salat waschen, putzen und in mundgerechte Stücke teilen. Die Nüsse grob hacken und ohne Fett rösten. Alles zugedeckt zur Seite stellen.

Vor dem Servieren das Dressing durchrühren. Wenn nötig, mit Milch verdünnen. Den Salat, die Paprika, die Grapefruits und die Nüsse locker vermischen. Den Dipp dazu servieren.

Pro Portion: 140 kcal / 590 kJ

Gurken in Schinken gebraten

3 Portionen

2 Salatgurken
Salz
150 g Schinken (roh)
50 g Butter
Pfeffer
1 EL Dill

Die Salatgurken schälen, halbieren, salzen und in gleichmäßige Würfel schneiden. Den Schinken fein würfeln und in der Butter im Bräter anbraten. Die Gurkenwürfel zugeben und unter ständigem Rühren 10 Min. braten. Mit Salz und Pfeffer abschmecken.

Den gehackten Dill unterheben und noch ein paar Minuten durchziehen lassen.

Pro Portion: 198 kcal / 827 kJ

Frühlingssalat

4 Portionen

10 g Getr. chin. Champignons oder Mu-Err-Pilze
100 g Buchweizennudeln
1/2 EL Öl
1/2 Rote Paprikaschote
1/2 Gelbe Paprikaschote
50 g Lauch/Porree
75 g Salatgurke

Soße

2 TL Öl
1 EL Sojasauce
1/2 EL Essig
50 g Gekochter Schinken
Salz
Pfeffer

Die Pilze 30 Min. in kaltem Wasser einweichen. Die Nudeln in kochendes Salzwasser, dem das Öl zugesetzt wurde, geben und 4-6 Min. unter gelegentlichem Umrühren leicht sprudelnd kochen lassen. Das Nudelwasser abgießen. Die Nudeln in ein Sieb schütten und kalt abschrecken. Die Paprikaschoten und den Lauch waschen, putzen bzw. entkernen und in gleichgroße Stücke schneiden. Die Gurke halbieren, die Kerne entfernen und die Gurkenhälften in 1 cm dicke Streifen schneiden.

Die Paprika und den Lauch kurz in kochendem Wasser blanchieren, herausnehmen und abschrecken. Den Schinken für die Salatsauce würfeln und die Sauce anmachen. Die Pilze ausdrücken und in feine Streifen schneiden. Dann in eine Schüssel geben und mit dem Gemüse und den Nudeln unter die Salatsauce mischen. Anschließend den Frühlingssalat kaltstellen.

Pro Portion: 175 kcal / 733 kJ

Gemischter Salatteller

100 g Blattsalat
50 g Chicoree
50 g Feldsalat
2 EL Olivenöl
Essig
Salz
Pfeffer

Den Salat waschen und zerkleinern und in eine Schale geben. Das Olivenöl und den Essig dazugeben und mit Salz und Pfeffer abschmecken.

Pro Portion: 140 Kcal

Gedünstete Sojabohnensprossen mit Speck

4 Portionen

250 g Sojabohnensprossen
2 Frühlingszwiebeln
2 Z Knoblauch
50 g Speck (geräuchert)
4 EL Sesamöl
2 EL Austernsoße
1 TL Sojasoße (hell)

Die Sojabohnensprossen waschen und abtropfen lassen. Die Frühlingszwiebeln putzen und in 5 cm lange Streifen schneiden. Die Knoblauchzehen schälen, mit einem breiten Messer flachdrücken und anschließend fein hacken. Den geräucherten Speck in kleine Würfel schneiden.

Im Wok oder in einer tiefen Pfanne das Sesamöl erhitzen. Den Speck und den Knoblauch kurz darin anbraten. Die Sojabohnensprossen, die Frühlingszwiebeln zugeben und gut vermischen. Mit der Austernsoße und der Sojasoße abschmecken. Sofort servieren.

Pro Portion: 188 kcal / 787 kJ

Würziger Gurkendrink

2 Portionen

250 g Salatgurke, geschält
1/2 kleine Zwiebel, geschält
1/2 Knoblauchzehe, geschält
2 EL Zitronensaft
1/2 Bund Schnittlauch, fein geschnitten
2 Blättchen Zitronenmelisse
1 EL Doppelrahmfrischkäse mit Kräutern
150 g Dickmilch, 1,5 % Fett
weißer Pfeffer
Salz
4 Scheiben Gurke, zum Garnieren

Die Gurke, die Zwiebel und den Knoblauch klein schneiden. Alles zusammen mit dem Zitronensaft, den Kräutern und dem Frischkäse im Mixer gründlich pürieren. Die Dickmilch darunter quirlen und den Drink mit Salz und Pfeffer abschmecken. Den Drink in Gläser füllen und mit jeweils zwei Gurkenscheiben garnieren.

Pro Portion: 106 kcal / 445 kJ

Geformte Kichererbsen
30 Stück

200 g Kichererbsen
1 Zwiebel mittelgroße
3 Knoblauchzehen
1 Bd. Petersilie
3 EL Fertigpulver für Kroketten oder Kartoffelpuffer
1 TL Kreuzkümmel gemahlener
1 TL Koriander gemahlener
1 TL Paprikapulver, edelsüß
3 EL frisches gehacktes Basilikum, od. 2 TL getrocknetes
Salz
Sonnenblumenöl zum Ausbacken

Die Kichererbsen in reichlich Wasser etwa 12 Stunden einweichen. Dann in ein Sieb abgießen und gut abtropfen lassen.

Die Zwiebel und den Knoblauch schälen und in grobe Stücke schneiden. Die Petersilie waschen, trocken schütteln und die Blättchen abzupfen. Die Kichererbsen mit der Petersilie, der Zwiebel und dem Knoblauch durch die feine Scheibe des Fleischwolfs drehen.

Das Fertigpulver und die Gewürze dazugeben und alles mit den Händen gründlich vermischen. Den Teig fest zusammendrücken und mindestens 30 Min. bei Zimmertemperatur ruhen lassen.

Das Öl in einer Friteuse auf höchster Stufe erhitzen. Aus dem Teig etwa 30 esslöffelgroße Bällchen formen und diese bei starker Hitze in 2-3 Min. goldgelb frittieren. Herausheben und auf Küchenpapier gut abtropfen lassen.

Pro Portion: 230 KJ

Gefüllte Kirschtomaten
8 Portionen

14 Kirschtomaten
14 Z Knoblauch (oder Pesto für die Füllung verwenden)
2 Spr Olivenöl

Zunächst die Kappen der Kirschtomaten abschneiden. Die Tomaten entkernen und mit dem Pesto, den Knoblauchzehen oder Kräuterbutter füllen. Danach die Tomaten in Alufolie wickeln. Bitte beachten: Oben etwas geöffnet lassen und mit etwas Olivenöl beträufeln.

Die Grillzeit bei voller Glut beträgt etwa 5 Min.

Pro Portion: 26 kcal / 111 kJ

Gefüllte Weinblätter mit Mandelsauce

500 g Sauerkraut
1 EL Zucker
1/2 TL Zimt, gemahlen
Weißer Pfeffer
40 g Rosinen
400 g Weinblätter, a. d. Glas
50 g Semmelbrösel

200 g Butter
200 g Creme fraîche
1/4 l Weißwein, halbtrocken
70 g Mandeln, gehäutet
Salz
1 TL Zitronensaft

Das Sauerkraut kurz waschen, ausdrücken und fein schneiden. Mit Zucker, Zimt und reichlich Pfeffer würzen. Die Rosinen heiß abbrausen und abtropfen lassen.

Die Weinblätter in heißem Wasser waschen und zwischen den Küchentüchern trocknen. Die Semmelbrösel in 50 g Butter goldbraun rösten. Mit dem Sauerkraut, den Rosinen und der Creme fraîche verkneten. Je 2-3 Weinblätter aufeinanderlegen. Mit je 1 EL Füllung belegen und die Seiten darüber schlagen. Die Blätter aufrollen.

Eine ofenfeste Form mit 20 g Butter ausfetten (restliche Butter kalt stellen). Die Röllchen in die Form legen. Die Hälfte des Weines dazugießen. Die Form mit Alufolie verschließen. Die Röllchen im vorgeheizten Backofen bei 180 Grad 30 Min. garen.

Knapp die Hälfte der Mandeln halbieren und ohne Fett hellbraun rösten. Die restlichen Mandeln mahlen und in 30 g Butter hellbraun rösten. Mit dem restlichen Wein ablöschen und 2-3 Min. ohne Deckel kochen.

Die restliche kalte Butter mit dem Schneebesen nach und nach in Stückchen unterschlagen. Die Sauce mit Salz, Pfeffer und ein paar Tropfen Zitronensaft würzen. Mit den Mandeln bestreuen und zu den Weinblättern servieren

Pro Stück: ca. 133 kcal

Zwiebeln in der Folie
4 Portionen

4 Zwiebeln (groß)
4 EL Olivenöl
Salz

Pfeffer (grob geschrotet)
4 TL Rosmarin (frisch)

Die Zwiebeln sorgfältig schälen. Auf der Oberseite je etwa 2 cm tief kreuzweise einschneiden. Pro Zwiebel ein großes Blatt Alufolie bereitlegen. Je eine Zwiebel darauf setzen und diese mit 1 EL Olivenöl beträufeln. Mit Salz und grobem Pfeffer würzen. Die Rosmarinnadeln rundherum in die Zwiebeln pieksen. Die Folienblätter zu Paketen verschließen. Auf ein Blech (oder auf den Grill) legen.

Die Zwiebeln im auf 200 Grad vorgeheizten Ofen auf der zweituntersten Rille während etwa 50 Min. backen.

Pro Portion: 112 kcal / 470 kJ

Gegrillte Gemüse-Spieße
8 Spieße

1/2 Bd. gemischte Kräuter (Petersilie, Schnittlauch, Basilikum, Thymian, Rosmarin)
2 EL Walnussöl
4 EL neutrales Pflanzenöl
Salz
schwarzer Pfeffer
1 Zehe Knoblauch
1 kleine Aubergine (etwa 350 g)
1 gelbe Paprikaschote (etwa 150 g)
300 g Zucchini
16 kleine Champignons

Die Kräuter waschen und trocken tupfen. Die Blättchen von den Stielen zupfen und fein hacken. Aus Öl, Salz, Pfeffer und Kräutern eine Marinade herstellen. Den Knoblauch pellen und mit einer Presse in die Marinade drücken. Die Aubergine waschen, den Stielansatz entfernen und die Aubergine in 2 x 2 cm große Würfel schneiden.

Die Paprika vierteln, die Trennhäutchen und die Kerne gründlich entfernen. Die Paprika waschen. Die Viertel in Würfel von etwas 3 cm Kantenlänge schneiden. Die Zucchini waschen. Den Stiel und den Blütenansatz entfernen. Die Zucchini in etwa 2 cm breite Scheiben schneiden.

Die Champignons waschen und putzen. Das Gemüse in die Marinade legen und für etwa 1 1/2 Stunden kühl stellen. Das Gemüse aufspießen und (am besten auf einer Grillschale) unter mehrmaligem Wenden grillen bis es gar ist.

Pro Spieß: ca. 90 kcal

Kanarische Salzkartoffeln
4 Portionen

1 kg Kartoffeln (klein)
1/2 kg Salz (am besten Meersalz)
1 Spr Essig
Petersilie
Chilipulver

Die Kartoffeln sehr gut waschen und bürsten, aber nicht schälen! In einen Topf geben und knapp mit Wasser bedecken. Salz und die Würzzutaten zufügen.

Im offenen Topf kochen, bis die Kartoffeln stark mit Salz verkrustet sind. Den Topf von der Kochplatte nehmen und das Wasser abgießen.

Pro Portion: 174 kcal / 725 kJ

Gegrilltes Gemüse
4 Portionen

2 Fenchelknollen
150 g Austernpilze
2 Kohlrabi
1 Rote Paprikaschote
8 kleine Tomaten
4 EL Sojasoße
Pfeffer
2 EL Zitronenschale
4 EL Öl
Frische Kräuter nach Belieben
Alufolie für den Rost

Den Fenchel putzen, halbieren und in kochendem Wasser 2 Min. blanchieren. Sofort abschrecken. Die Austernpilze gründlich putzen. Die Kohlrabi schälen und in etwa 1 cm dicke Scheiben schneiden. Nochmals halbieren. Die Paprikaschote waschen, halbieren, entkernen und vierteln. Die Tomaten waschen und oben kreuzweise einschneiden.

Aus Sojasoße, Pfeffer, Zitronensaft und Öl eine Marinade rühren. Das Gemüse etwa 30 Min. darin ziehen lassen. Aus Alufolie 4 "Körbchen" formen. Das Gemüse darin etwa 10 Min. grillen. Dabei immer wieder mit der Marinade bestreichen. Nach Belieben mit frischen Kräutern verfeinern.

Pro Portion: ca. 120 kcal / 502 kJ

Kartoffel-Kräuter-Dressing
4 Portionen

2 Kartoffeln (mehligkochend)
1 TL Senf (Dijon-Senf oder Estragon)
0,1 l Gemüsebrühe (Instant)
1 Schalotte
2 EL Essig (Kräuteressig)
Salz
Pfeffer (weiß)
1/2 Bund Petersilie

Die Kartoffeln ca. 20 Min. kochen. Pellen und sofort durch eine Kartoffelpresse oder ein feines Sieb drücken. Den Senf und die Brühe unterrühren. Die Schalotte fein hacken und mit den übrigen Zutaten unter die Kartoffelbrühe rühren. Mit Salz und Pfeffer würzen.

Die Petersilie von den Stielen zupfen, fein hacken und unter die Kartoffel-Vinaigrette rühren. Schön sämig wird dieses Dressing durch die Kartoffeln. Die Brühe und der Kräuter-Senf geben viel Würze, da kann man auf Öl ganz verzichten.
Pro Portion: 44 kcal / 182 kJ

Gelber Blumenkohl

4 Portionen

1 Zwiebel
2 EL Rapsöl
1 Z Knoblauch
1/2 TL Kurkuma
1 TL Koriandersamen
2 Kardamomschoten
1 Blumenkohl
125 ml Wasser
2 Z Minze
Salz
Pfeffer

Die gehackte Zwiebel mit dem Öl in einem mittelgroßen Topf 8 Min. dünsten. Dann den zerdrückten Knoblauch, das Kurkuma, den gemahlene Koriandersamen und das Kardamom zugeben. Unter Rühren weitere 2-3 Minuten garen. Den Blumenkohl zugeben und vorsichtig in der Zwiebel-Gewürz-Mischung wenden. Das Wasser sowie Salz und Pfeffer hinzufügen. Die Mischung zum Kochen bringen. Den Deckel auflegen und den Blumenkohl etwa 15 Min. bei mäßiger Hitze garen, bis er weich ist. Den Topf gelegentlich rütteln, damit die Zutaten nicht am Boden anhaften und gleichmäßig garen.

Den Blumenkohl herausnehmen, mit der Minze garnieren und sofort servieren.

Pro Portion: 162 kcal / 681 kJ

Gemüsecurry mit Bananen

1 kleinen Blumenkohl
200 g Brokkoli
Lauch
2 Karotten
2 mittelgroße Bananen
2 Knoblauchzehen
1 kleine Zwiebel
2 EL Butterschmalz
1 EL Curry
2 Becher Sahnejoghurt

Das Gemüse putzen und waschen. Den Blumenkohl und den Brokkoli in Röschen teilen. Die Stiele fein schneiden. Das Butterschmalz in einem Topf erhitzen und die fein gewürfelte Zwiebel mit den gewürfelten Bananen darin andünsten. Die Knoblauchzehen dazupressen und das Currypulver darüber stäuben.

Nun das Gemüse nacheinander darin andünsten und mit verquirltem Joghurt übergießen. Etwa 30 Min. köcheln lassen, dann vorsichtig mischen und abschmecken.
Pro Portion: ca. 190 Kcal / 790 kJ

Gemüsepastete mit Paprika, Zucchini und Spinat

8 Portionen

500 g Paprikaschoten (rot)
300 ml Schlagsahne
Salz
Pfeffer
200 g Zucchini
10 g Butter
13 Bl Gelatine (weiß)
100 g Möhren
450 g Blattspinat (aufgetaut und gehackt)
Muskat

Den Paprika waschen und mit der Hautseite nach oben so lange im heißen Backofen (200 Grad) grillen, bis die Haut fast schwarz ist und Blasen wirft. Dabei ab und zu wenden. Die Haut abziehen. Die Paprika mit zwei Drittel der Sahne pürieren und kräftig mit Salz und Pfeffer würzen.

Wenn Sie keinen Grill haben: Geputzte, kleingeschnittene Paprika in wenig Wasser dünsten, abgießen und mit der Sahne pürieren.

Die Zucchini putzen, waschen, der Länge nach vierteln und im heißen Fett 5 Min. dünsten.

5 Blatt Gelatine in kaltem Wasser 10 Min. einweichen. Tropfnass bei milder Hitze auflösen und unter die Hälfte der Paprikamasse rühren. Die Masse in eine Terrinenform gießen und die Hälfte der Zucchiniviertel hineinlegen. Im Kühlschrank 20 Min. fest werden lassen.

Inzwischen die Karotten schälen, waschen und in kochendem Salzwasser 10 Min. garen. In grobe Streifen schneiden.

Den Spinat nach Packungsanweisung garen. Mit Salz, Pfeffer und Muskat würzen und mit der restlichen Sahne verrühren. 3 Blatt Gelatine einweichen, auflösen und unter den Spinat rühren.

Die Karottenstreifen auf die Paprikaschicht legen und den Spinat darüber geben. Wieder 20 Min. fest werden lassen.

5 EL Gelatine einweichen, auflösen, unter die übrige Paprikamasse rühren und auf die Spinatschicht geben. Die restlichen Zucchiniviertel darauf legen. Im Kühlschrank fest werden lassen.

Pro Portion: 187 kcal / 783 kJ

Gemüseröllchen gegrillt

4 Portionen

100 g Paprika (rot)
300 g Aubergine
400 g Zucchini
1 Z Knoblauch
5 EL Olivenöl
1 EL Kräuter der Provence
Salz
Pfeffer

Den Paprika putzen und in feine Streifen schneiden. Die Aubergine waschen und in dünne Scheiben schneiden. Die Zucchini der Länge nach in feine Scheiben schneiden. Den Knoblauch schälen, fein hacken, mit dem Öl und den Kräutern verrühren. Mit Salz und Pfeffer abschmecken.

Die gewaschenen und trocken getupften Auberginenscheiben mit dem Kräuteröl bepinseln. Je zwei Zucchinischeiben nebeneinander legen und darauf eine Auberginenscheibe geben. Die Paprikastreifen darauf verteilen und das Ganze aufrollen. Mit einem Zahnstocher feststecken und unter dem vorgeheizten Grill etwa 4 Min. braun werden lassen.

Pro Portion: 176 kcal / 740 kJ

Gemüse-Spieße

4 Portionen

2 Maiskolben
400 g Zwiebeln
1 Paprika (rot)
1 Paprika (gelb)
20 g Butter
Salz
Pfeffer
250 g Kirschtomaten

In einem Topf reichlich Salzwasser zum Kochen bringen und die gewaschenen Maiskolben darin etwa 15 Min. garen lassen. Herausnehmen und in mundgerechte Stücke schneiden.

In der Zwischenzeit die Zwiebeln pellen und vierteln. Die Paprika putzen und in Stücke schneiden. Die Butter in einer Pfanne erhitzen. Die Zwiebeln und die Paprikastücke darin etwa 8 Min. dünsten. Mit Salz und Pfeffer würzen.

Abwechselnd die Maiskolben, die gewaschenen Kirschtomaten, den Paprika und die Zwiebeln auf Holzspieße stecken und auf dem Grill etwa 15 Min. grillen.

Pro Portion: 184 kcal / 768 kJ

Geschichtete Gemüseterrine
4 Portionen

500 g Möhren
500 g Brokkoli
500 g Blumenkohl (ersatzweise Sellerie)
Salz
2 P. helle Sauce (Instant)
6 Eier
frisch gemahlener Pfeffer
1 Zitrone
Muskat
1 Bd. Schnittlauch
Zitronenscheiben zum Dekorieren

Die Möhren, den Brokkoli und die Blumenkohlröschen getrennt in wenig Salzwasser in etwa 12 Min. weich dünsten. Das Gemüse sehr gut abtropfen lassen und Sortenweise im Mixer oder mit dem Schneidestab des Handrührgerätes pürieren. Jedes Gemüsepüree in eine Schüssel geben und mit je einem Drittel des Saucenpulvers und 2 Eiern verrühren. Das Möhrenpüree mit Zitronensaft, Blumenkohl- und Brokkolipüree mit Muskat abschmecken.

Jede Mischung kräftig mit Salz oder Pfeffer abschmecken. Eine Kastenform (Inhalt 1,5 Liter) mit Backtrennpapier auslegen. Die Gemüsepürees in beliebiger Reihenfolge nacheinander in die Form geben. Die Form mit Backtrennpapier bedecken und in die Fettpfanne des Backofens stellen.

Eine Fettpfanne mit Wasser füllen. Den Ofen auf 200 Grad schalten und 2 Stunden garen. Die Terrine auf eine Platte stürzen. In 12 Scheiben schneiden und mit Pfeffer bestreuen. Mit dem Schnittlauch und denZitronenscheiben anrichten. Warm oder kalt servieren.

Pro Portion: ca. 100 Kcal / 419 kJ

Honigmöhren
6 Personen

750 g Bundmöhren
1 EL Butter
1/2 EL brauner Zucker
2 EL Honig
2-3 EL gehackte Petersilie

Die Möhren in einem Topf mit wenig Wasser aufkochen. Zugedeckt bei schwacher Hitze ca. 10 Min. köcheln lassen. Die Butter bei mittlerer Hitze in einer Pfanne erhitzen. Den Zucker, den Honig und die Möhren zugeben und unter ständigem Rühren bei schwacher Hitze 1-2 Min. glasieren. Mit Petersilie bestreuen und servieren.

Pro Portion: 87 kcal

Griechischer Bauernsalat
2 Personen

1 klein. Kopf Eis- oder Kopfsalat
1/2 Salatgurke
2 Tomaten
1 klein. grüne Paprikaschote
1 klein. Zwiebel
4 schwarze Oliven
1 EL Weinessig
1/2 TL Senf
1 EL Olivenöl
1 TL frisch gehackte Kräuter (z.B. Petersilie, Schnittlauch)
Salz
schwarzer Pfeffer
60 g Schafskäse (40 % Fett i. Tr.)

Den Salat putzen, waschen, gut abtropfen lassen und die Blätter zerpflücken. Die Gurke waschen, schälen, der Länge nach halbieren und in Stücke schneiden. Die Tomaten waschen, vierteln und dabei die Blütenansätze entfernen. Die Paprikaschote waschen, halbieren, von den Kernen und den weißen Rippen befreien und in feine Streifen schneiden. Die Zwiebel schälen und in Ringe schneiden. Die Oliven entkernen.

Den Essig, den Senf, das Öl, die Kräuter, Salz und Pfeffer in einer Schüssel verrühren. Den Eissalat, die Gurken, den Paprika und die Tomaten vorsichtig mischen. Mit Pfeffer bestreuen und die Oliven dazugeben. Die Sauce darüber gießen. Den Schafskäse zerbröckeln und über den Salat streuen.

Pro Portion: 180 kcal

Kartoffeln Columbine
4 Portionen

100 g Kartoffeln
2 Paprika (rot)
2 Paprika (grün)
50 g Butter
Salz
2 Bund Dill

Die Kartoffeln schälen, waschen, trocken tupfen und in sehr dünne Scheiben schneiden. Die Paprikaschoten halbieren, putzen, waschen und in einen ½ cm dicke Streifen schneiden. Die Butter in einem Topf erhitzen, die Kartoffeln hineingeben, salzen und 20 Min. bei schwacher Hitze braten. 10 Min. vor Ende der Garzeit die Paprikastreifen dazugeben. Den Dill abspülen, trocken tupfen und ein paar Zweige zum Garnieren zurücklassen. Den Rest fein hacken und untermischen. Die Kartoffeln in einer Schüssel anrichten. Mit Dill garniert sofort servieren.

Pro Portion: 166 kcal / 697 kJ

Grüne Bohnen in Specksoße

4 Portionen

500 g Stangenbohnen
1 EL Bohnenkraut
1 TL Butter
60 g Speck (durchwachsen)
2 Zwiebeln
1 EL Mehl
250 ml Gemüsebrühe
3 EL Sahne

In einem Topf reichlich Salzwasser zum Kochen bringen. Die geputzten und klein geschnittenen Bohnen mit dem Bohnenkraut etwa 20 Min. kochen lassen. Nach Ende der Garzeit das Bohnenkraut entfernen und die Bohnen in ein Sieb abschütten.

Die Butter in einem Topf schmelzen lassen. Zuerst den gewürfelten Speck darin auslassen, dann die fein gehackten Zwiebeln zugeben und mitdünsten. Das Mehl darüber geben, mit der Brühe ablöschen und mit der Sahne binden. Zum Schluss die Bohnen nur noch kurz in der Soße erwärmen.

Pro Portion: 159 kcal / 670 kJ

Gurken in Kerbelsahne

4 Portionen

1 kg Gemüsegurken
140 g Zwiebeln
40 g Butter
4 EL Sahne süße
8 EL saure Sahne (etwa 120 g)
1 Knoblauchzehe
weißer Pfeffer, frisch gemahlen
2 TL Gemüsebrühe gekörnte
50 g Kerbel
Meersalz

Die Gurken waschen, schälen und längs vierteln. Die Kerne mit einem Küchenmesser entfernen. Das Gurkenfleisch schräg in 2 cm dicke Stücke schneiden. Die Zwiebeln würfeln und in 20 g Butter goldgelb braten. Die Gurken dazugeben und zugedeckt bei schwacher Hitze in 8-10 Min. bissfest dünsten. Dann die Kochstelle ausschalten.

Inzwischen die süße und die saure Sahne mischen. Den Knoblauch dazupressen. Mit 1 Prise Pfeffer verquirlen. Die gekörnte Brühe und die restlichen 20 g Butter zu den Gurken geben. Die Sahnemischung vorsichtig unterheben. Den Kerbel waschen, trocken schütteln und ohne die groben Stiele fein hacken. Den Kerbel unter das Gemüse mischen und mit Salz abschmecken.

Pro Portion: 840 KJ

Gurkengemüse (Mikrowelle)

4 Portionen

100 g Speck (durchwachsen)
125 g Zwiebeln
500 g Salatgurke
Pfeffer
6 EL Wasser
6 EL Sahne
1 EL Soßenbinder

Die Zwiebeln schälen, halbieren und in dünne Streifen schneiden. Den Speck würfeln. Die Zwiebeln und den Speck in eine Glasform geben und bei 850 Watt 3-4 Min. dünsten.

Die Gurke schälen, der Länge nach halbieren und mit einem TL die Kerne entfernen. Die Gurke in mundgerechte Stücke schneiden, mit Wasser und etwas Pfeffer zu dem Zwiebel-Speckgemisch geben. Alles gut vermengen und geschlossen bei 850 Watt 11-12 Min. dünsten.

Die Sahne und den Soßenbinder einrühren und noch einmal bei 850 Watt etwa 1 Min. aufkochen. Abschmecken und servieren.

Pro Portion: 177 kcal / 744 kJ

Gurken-Käsetaler

24 Portionen

1 Stg Salatgurke
100 g Schafskäse
24 Pumpernickel-Taler
1 Bund Schnittlauch
50 g gekochter Schinken
1 Knoblauchzehe
3 EL Schlagsahne
Pfeffer

Die Gurke waschen und trocken tupfen. Mit einem Ziseliermesser der Länge nach Streifen einritzen. Die Gurke halbieren und mit einem langstieligen Löffel entkernen.

Den Schafskäse zerdrücken und mit der Sahne verrühren. Den Knoblauch schälen und durch eine Presse drücken. Den gewaschenen Schnittlauch in Röllchen schneiden. Den Schinken sehr fein würfeln.

Dann alles mit der Käsemischung verrühren und pfeffern. Die Masse in die Gurkenhälften füllen, etwa 2 Stunden kühlen. Die Pumpernickel-Taler auslegen. Die Gurke in 1 cm dicke Scheiben schneiden und darauf auslegen.

Pro Portion: 60 kcal / 253 kJ

Insalata Caprese (Tomaten-Mozzarella)

4 Portionen

500 g Tomaten
2 Pk Mozzarella
2 EL Balsamessig
Salz
Pfeffer
2 EL Olivenöl
1 Bund Basilikum

Zuerst die Tomaten waschen und in Scheiben schneiden. Währendessen kann der Mozzarella schon abtropfen. Beides auf einem Teller ziegelförmig anordnen.

Für die Soße wird Essig mit Salz, Pfeffer und Olivenöl vermischt und dann über die Tomaten und den Mozzarella gegossen.

Mit den gezupften Basilikumblättern nun noch das Ganze garnieren.

Pro Portion: 146 kcal / 615 kJ

Italienischer Salat

4 Portionen

1 Ei
1 Kopf Blattsalat
1 Kopf Lollo Rosso
1 Kopf Radicchio
1 Rote Zwiebel
1 Weiße Zwiebel
1 Knoblauchzehe
1 TL Senf
4 EL Wasser
4 TL Balsamico-Essig
Salz
Pfeffer
Basilikum
2 EL Olivenöl

Das Ei hart kochen. Die Salate putzen, waschen und in mundgerechte Stücke zupfen. Die Zwiebeln putzen und in feine Ringe schneiden. Den Knoblauch schälen und mit Salz zerdrücken. Mit Senf, Wasser, Balsamico-Essig, Salz, Pfeffer und Basilikum zu einer kräftigen Salatsoße verarbeiten. Das Olivenöl zugeben. Zuletzt das Ei fein hacken, zur Salatsoße geben und alles mit dem Salat vermischen. Mit den Zwiebelringen anrichten.

Pro Portion: ca. 100 kcal / 419 kJ

Kartoffelsalat mit Brunnenkresse und Ei

4 Personen

800 g festkochende Kartoffeln
1/8 l würzige Brühe (Instant)
2 Eier
120 g Brunnenkresse
1 Zwiebel
2 frische Eigelbe
1 Apfel
4 EL Kräuteressig
4 EL Öl
Salz
Pfeffer

Die Kartoffeln waschen und Wasser angießen. Die Kartoffeln zugedeckt in 25-30 Min. gar kochen. Noch warm schälen und in Scheiben schneiden. Die Brühe aufkochen, über die Kartoffeln gießen und 20 Min. durchziehen lassen.

Die Eier in 8-10 Min. hart kochen. Die Brunnenkresse verlesen, gründlich waschen und grob zerschneiden. Die Zwiebel und den Apfel schälen, fein reiben und mit den beiden frischen Eigelben, dem Essig, Öl, Salz und Pfeffer gründlich verrühren

Die gekochten Eier abschrecken, schälen und in kleine Würfel schneiden. Die Brunnenkresse und die Eiwürfel locker unter die Kartoffeln mengen und den Salat mit der Marinade begießen. Nochmals leicht mischen und bis zum Servieren durchziehen lassen.

Pro Portion: ca. 200 kcal / 845 kJ

Karottengemüse

4 Portionen

800 g Karotten
3 EL Butter
125 ml Likörwein (z.B.Marsala)
Salz
1 Bund Schnittlauch

Die Karotten putzen und in feine Scheiben schneiden. Die Butter in einem Topf schmelzen lassen und die Möhren hinein geben. Unter ständigem Rühren etwa 5 Min. glasig dünsten. Mit dem Likörwein ablöschen und mit Salz abschmecken. Gut vermischen und mit Deckel etwa 30 Min. köcheln lassen. Mit Schnittlauchröllchen bestreut servieren.

Pro Portion: 110 kcal / 462 kJ

Kartoffel-Plätzchen Delhi

4 Portionen

1 kg Kartoffeln
1 TL Cumin
1 TL Curry
1/2 TL Ingwerpulver
Chilipulver
Salz
1 EL Rapsöl

Die Kartoffeln waschen und in reichlich kochendem Salzwasser etwa 20 Min. garen. Dann die Kartoffeln schälen und durch eine Presse drücken. Mit der Hand Cumin, Curry, Ingwerpulver, Chilipulver und Salz unterkneten. Mit befeuchteten Händen aus der Masse kleine Plätzchen von 3-4 cm formen.

In einer Pfanne Öl erhitzen und die Plätzchen darin von beiden Seiten schön braun braten.

Pro Portion: 176 kcal / 739 kJ

Kartoffel-Raita

6 Portionen

350 g Kartoffeln
500 g Joghurt natur
1 TL Minzsoße
1 TL Salz

Die gekochten Kartoffeln pellen und in Würfel schneiden. Den Joghurt, das Salz und die Minzesoße verrühren und die Kartoffeln unterrühren.

Ziehen lassen und dann Raita gut gekühlt servieren.

Pro Portion: 96 kcal / 398 kJ

Kaviar-Kartoffeln

24 Portionen

24 Kartoffeln
1 TL Salz
150 g Creme fraiche
2 gl Kaviar

Die Kartoffeln waschen und mit der Schale in Salzwasser kochen. Abgießen, abkühlen lassen, pellen und längs halbieren. Die Kartoffelhälften salzen, dick mit Creme fraiche bestreichen und jeweils mit Kaviar belegen.

Pro Portion: 68 kcal / 285 kJ

Kefir-Gemüse-Kaltschale
4 Portionen

1 l Kefir
1/2 Salatgurke
2 Paprikaschoten (eine gelbe und eine rote)
1 Möhre
1/2 Bund Petersilie
Salz
Zucker
Cayennepfeffer
4 zw Dill

Zunächst den Kefir in eine Schüssel geben und glatt rühren. Danach in den Kühlschrank stellen.

Jetzt die Gurke schälen und längs halbieren. Die Kerne mit einem Löffel aus dem Inneren herauskratzen und danach die Gurke in kleine Würfel schneiden. Als nächstes die Paprikaschoten waschen, entkernen und das Fleisch in kleine Würfel schneiden. Die Möhren nach dem Schälen ebenso würfeln.

Nun die Petersilie waschen und ganz fein hacken. Zusammen mit den Gemüsewürfeln (bis auf einen kleinen Rest) unter den Kefir rühren. Die Masse dann mit Salz, Pfeffer und einer Prise Zucker abschmecken und in Teller füllen.

Die Kaltschale mit den restlichen Gemüsewürfeln und den Dillzweigen garnieren und mit Cayennepfeffer bestreuen. Kalt servieren.

Pro Portion: 165 kcal / 689 kJ

Maisbrot
8 Personen

150 g Mehl
225 g Maismehl
1 TL brauner Zucker
1/2 TL Salz
3/4 TL Natron
1 EL Backpulver
250 ml Buttermilch
200 g Mais aus der Dose, teilweise zerdrückt
3 Eiweiß, verquirlt
3 EL Honig

Den Backofen auf 200 Grad vorheizen. Die trockenen und flüssigen Zutaten getrennt voneinander vermischen und dann aus beiden einen Teig zubereiten. In eine 22 cm lange Kastenform geben und etwa 30 Min. backen, bis das Brot auf Druck leicht zurückfedert.

Pro Portion: ca. 200 Kcal

Knackiger Gartensalat

4 Portionen

2 Köpfe Pflücksalat
1 Salatgurke
1 gelbe Paprikaschote
100 g Champignons
100 g Kirschtomaten
1 Bund Dill
1 Bund Basilikum
5-6 EL Weißwein-Essig
Salz
Pfeffer
1 TL Zucker
4 EL Öl

Den Salat in Stücke zupfen. Die Gurke in dünne Scheiben schneiden und die Paprika würfeln. Die Pilze und die Tomaten halbieren. Die Kräuter abzupfen.

Essig, Salz, Pfeffer und Zucker verrühren. Das Öl darunter schlagen und die Salatzutaten mischen. Mit der Salatsoße beträufeln und servieren.

Pro Portion: ca. 120 kcal

Kohlrabiaufstrich

4 Portionen

400 g Kohlrabi
100 g Frischkäse (Doppelrahmstufe)
3 EL Gemüsebrühe
1 Zwiebel
1 Z Knoblauch
50 g Haselnüsse (oder andere Nüsse)
1/2 TL Erdnussöl
2 EL Kräuter (z.B. Schnittlauch oder Petersilie)
2 EL Zitronensaft
Salz

Die Kohlrabi schälen, waschen und würfeln. Mit der Brühe und dem Zitronensaft aufkochen und zugedeckt bei kleiner Hitze etwa 15 Min. garen.

Lauwarm mit der Zwiebel, dem Knoblauch, den Nüssen und dem Frischkäse pürieren. Kräuter, Salz, Pfeffer und Öl untermischen.

Im Kühlschrank 5 Tage haltbar.

Pro Portion: 195 kcal / 816 kJ

Krautgulasch

800 g Weißkraut
2 rote Paprikaschoten
2 grüne Paprikaschoten
1 Zwiebel
20 g Pflanzenfett
3 EL Tomatenmark
3/4 l Gemüsebrühe
20 g Weizenvollkornmehl
Salz
Pfeffer
Paprikapulver, edelsüß
Thymian
gemahlener Kümmel
Worcestersoße

Den Weißkrautkopf halbieren, vom Strunk befreien und das Kraut in etwa 2 cm große Würfel oder Rauten schneiden. Die Paprikaschoten halbieren, Samen und Trennwände entfernen und die Schote in etwa 2 cm große Streifen schneiden. Die Zwiebeln schneiden und würfeln.

Das Pflanzenfett in einem großen Topf erhitzen und die Zwiebeln darin glasig dünsten. Das Tomatenmark zufügen, kräftig anrösten und mit der Gemüsebrühe auffüllen. Das Weißkraut und die Paprikawürfel in den Topf geben und mit den Gewürzen abschmecken. Den Topf schließen und das Kraut bei schwacher Hitze 35 Min. garen.

Wenn das Kraut weich ist, aber noch ein klein wenig Biss hat, das Weizenvollkornmehl darüber streuen, unter das Gemüse rühren und noch einmal 5 Min. leicht köcheln.

Pro Portion: 180 kcal

Tomatensalat

3 große Tomaten
1 kleine Zwiebel
1 EL frischer Basilikum
2 EL Olivenöl
Salz

Die Tomaten in Scheiben schneiden. Die Zwiebel schälen, in Würfel schneiden und mit dem fein gehackten Basilikum zu den Tomaten geben. Dann das Olivenöl dazugeben, gut vermischen und mit Salz abschmecken.

Pro Portion: 180 Kcal

Kürbis-Prinzesskartoffeln

10 Portionen

500 g Kürbisse (geschält und geputzt gewogen)
1 kg Kartoffel (mehligkochend)
100 g Butter
4 Eigelbe
1 TL Salz
1/2 TL Pfeffer
Muskatnuss (gerieben)

Den Kürbis in große Stücke schneiden. Die Kartoffeln schälen und je nach Größe halbieren oder vierteln. In wenig Salzwasser weich kochen. Abschütten, abtropfen lassen, dann in die Pfanne zurückgeben und auf der ausgeschalteten Herdplatte kurz trocken dämpfen. Dann sofort passieren.

Die Butter in einem Pfännchen schmelzen. Etwas abkühlen lassen. Dreiviertel der Butter und die Eigelbe unter das Püree mischen. Mit Salz, Pfeffer und Muskatnuss würzen. Kühlstellen.

Die Kartoffel-Kürbis-Masse in einen Spritzsack mit gezackter Tülle füllen. Sich nach oben verjüngende Türmchen auf ein mit Backpapier belegtes Blech spritzen. Diese mit der restlichen Butter beträufeln und mit Pfeffer bestreuen. Die Prinzess-Kartoffeln im auf 220 Grad vorgeheizten Ofen auf der zweituntersten Rille während 10-12 Min. backen. Sofort servieren.

Pro Portion: 187 kcal / 780 kJ

Rettich-Möhren-Salat (indisch)

4 Portionen

250 g Möhren
250 g Rettiche
etwas Salz
1 TL schwarzer Pfeffer
0,5 TL Chat Masala (indische Gewürzmischung)
2 EL Sonnenblumenöl
3 EL frisch gepresster Zitronensaft
6 Zweige Petersilie

Die Möhren und den Rettich putzen, schälen und grob reiben. Beides in eine Schüssel geben und mit etwas Salz vermischen. Schwarzen Pfeffer, Chat Masala, Öl und Zitronensaft hinzufügen und den Salat nochmals durchmischen.

Den Salat zugedeckt etwa 1 Stunde im Kühlschrank durchziehen lassen. Vor dem Servieren mit Petersilienblättchen dekorieren.

Pro Portion: 80 kcal / 340 KJ

Linsen mit Knoblauch und Minze

4 Portionen

250 g Linsen (grün)
500 ml Salzwasser
3 Z Knoblauch
1/2 TL Chilipulver
Muskat
5 Bl Minze
1 EL Saure Sahne
1 Zitrone

Die Linsen in ein Sieb geben und unter fließendem Wasser gründlich abspülen. Etwas abtropfen lassen und dann in einem Topf mit dem Salzwasser aufkochen. Zugedeckt bei mittlerer Hitze etwa 20 Min. garen, dann die Kochstelle ausschalten.

Die Knoblauchzehen durch die Presse auf die Linsen drücken. Das Chilipulver, den Muskat und die gehackten Minzeblätter unterrühren. Die Linsen auf der noch warmen Herdplatte weitere 7-10 Minuten zugedeckt quellen lassen. Anschließend die Saure Sahne unterheben. Die Linsen in eine Schale füllen und mit den Zitronenspalten garniert servieren.

Pro Portion: 105 kcal / 441 KJ

Mangold mit schwarzen Augenbohnen

4 Portionen

100 g schwarze Augenbohnen
4 Bl Mangold (große Blätter ohne Stiel)
1 Zwiebel
2 Knoblauchzehen
1 TL Kreuzkümmel (auch Cumin genannt)
1 TL Korianderkorn (gemahlen)
3 EL Olivenöl
1/2 Zitronen (Saft davon)
Salz

Die Schwarzen Bohnen über Nacht in Wasser einweichen und etwa 45 Min. weich kochen.

Die Mangoldblätter waschen und fein hacken. In kochendem Salzwasser blanchieren und anschließend das Wasser aus den Blättern drücken.

Die gehackten Blätter mit der gewürfelten Zwiebel und den Knoblauchzehen mischen. Die gekochten Bohnen dazugeben und alles mit den übrigen Zutaten würzen und lauwarm servieren.

Pro Portion: 102 kcal / 428 kJ

Mangoldröllchen

4 Portionen

1 Zwiebel
2 EL Olivenöl
50 g Langkornreis
25 g Korinthen
25 g Pinienkerne
125 ml Gemüsebrühe
4 große Mangoldblätter (etwa 200 g)
Salz
frische Minze einige Blätter
frische Petersilie einige Blätter
weißer Pfeffer, frisch gemahlen
0.5 TL Honig
1/2 Zitrone, Saft von
100 ml trockener Weißwein, ersatzweise Gemüsebrühe
Küchengarn

Die Zwiebel schälen und fein hacken. In einem Topf 1 EL Öl erhitzen. Die Zwiebel darin glasig dünsten. Den Reis, die Korinthen und die Pinienkerne hinzufügen und andünsten. Die Brühe angießen und zum Kochen bringen. Zugedeckt bei schwacher Hitze in etwa 20 Min. ausquellen lassen.

Inzwischen die Mangoldblätter waschen und vierteln. Die dicken Stielteile flach schneiden. Die Blätter in kochendem Salzwasser etwa 1 Min. blanchieren. Dann kalt abschrecken und abtropfen lassen.

Die Kräuter waschen, trocken schwenken und fein hacken. Den Reis etwas abkühlen lassen, dann mit den Kräutern, Salz, Pfeffer und dem Honig abschmecken.

Die Reismischung auf den Mangoldblättern verteilen. Die Blätter an den Längsseiten einschlagen und aufrollen. Mit Küchengarn zusammenbinden.

In dem Topf das übrige Olivenöl mit dem Zitronensaft und dem Wein zum Kochen bringen. Die Röllchen hineingeben und zugedeckt bei mittlerer Hitze etwa 10 Min. garen. Dabei einmal vorsichtig wenden. Lauwarm oder abgekühlt servieren.

Pro Portion: 760 KJ

Marinierte Zucchini

4 Portionen

2 Zucchini
Salz
2 EL Weißweinessig
Pfeffer (weiß)
Zucker
4 EL Olivenöl
100 g Schafskäse
1 Bund Thymian
Pfeffer (grob)

Die Zucchini putzen, waschen und in Scheiben schneiden. In kochendem Salzwasser 1-2 Minuten blanchieren. Essig mit Salz, Pfeffer und Zucker würzen. Das Öl darunter schlagen. Die heißen Zucchinischeiben in die Marinade geben und abkühlen lassen.

Den Schafskäse zerbröckeln. Den Thymian waschen und die Blätter von den Stielen zupfen. Die Zucchinischeiben auf 4 Teller verteilen. Den Schafskäse und den Thymian darüber streuen. Mit grobem Pfeffer würzen.

Pro Portion: 190 kcal / 797 kJ

Möhrenaufstrich

6 Portionen

200 g Möhren
250 g Kartoffeln (mehlig)
1 Zwiebel
1 EL Zitronensaft
1 EL Meerrettich
1 TL Olivenöl
1/2 Bund Petersilie
Salz

Die Möhren und die Kartoffeln schälen, waschen und würfeln. Mit 3 EL Wasser, Salz und den abgeschnittenen Petersilienstängeln aufkochen und zugedeckt bei kleiner Hitze etwa 15 Min. garen.

Lauwarm mit der abgezogenen Zwiebel und der Petersilie pürieren. Den Zitronensaft, den Meerrettich und das Öl untermischen.

Im Kühlschrank 3 Tage haltbar.

Pro Portion: 59 kcal / 246 kJ

Möhrencurry mit Ingwer und Kokos

1 Zwiebel
500 g Möhren
1 Knoblauchzehe
1 Stangensellerie, Staude
400 g Zucchini
2 EL Erdnussöl
1 Ingwerstück, walnussgroß
1 Zitronengrasstängel
1 Chilischote
1/4 l Gemüse-Hefebrühe
2 EL Kokoscreme
1 EL Sojasoße nach Belieben mehr
Jodsalz
schwarzer Pfeffer
1 EL Zitronensaft

Zwiebel, Möhren, Knoblauch, Sellerie und Zucchini klein schneiden. Die Zwiebeln und den Knoblauch im heißen Öl anbraten. Das Gemüse zufügen und ca. 5 Min. dünsten.

Den Ingwer und das Zitronengras in Stücke schneiden. Den Chili entkernen und klein schneiden. Mit der Brühe und der Kokoscreme zum Gemüse geben. Weitere 15 Min. dünsten. Mit Sojasauce, Pfeffer, Salz und Zitronensaft abschmecken.

Pro Portion: ca. 124 kcal / 519 KJ

Orangen-Salat mit Rettich und Chicorée

4 Portionen

500 g Chicorée
500 g Orangen saftige
100 g Rettichsprossen
1 Bd. Schnittlauch
1 EL Weißweinessig
Salz
1 Prise Zucker
2 EL Weizenkeimöl

Den Chicorée von den äußeren Blättern befreien, waschen und in etwa fingerbreite Scheiben schneiden. Die Orangen schälen und in kleine Stücke schneiden. Die Rettichsprossen in einem Sieb kalt abspülen und abtropfen lassen. Den Schnittlauch waschen und in feine Röllchen schneiden. Den Chicorée mit den Orangen, den Rettichsprossen und dem Schnittlauch in einer Schüssel mischen.

Für das Dressing den Essig mit Salz und dem Zucker vermischen. Das Öl teelöffelweise unterrühren. Das Dressing unter den Chicoréesalat mischen.
Pro Portion: 710 KJ

Orientalischer Gemüsetopf

1 EL Ungeschälte Sesamsaat
2 cm-Stück Frischer Ingwer
1 TL Anispulver, nach Geschmack
2 Lauchzwiebeln
30 g Butterschmalz
1/2 Blumenkohl
250 g Broccoli
1/2 Steckrübe
200 g Möhren, (Karotten)
100 g Grüne Tk-Bohnen
3/8 l Gemüsebrühe
Salz
Weißer Pfeffer
1/2 Topf Koriander

Den Sesam, den zerdrückten Ingwer, den Anis und die in Stücke geschnittene Lauchzwiebeln in heißem Butterschmalz andünsten.

Den Blumenkohl und den Brokkoli in Röschen teilen. Die Steckrüben und die Möhren in Scheiben schneiden.

Das vorbereitete Gemüse und die grünen Bohnen zu den Gewürzen geben und kurz andünsten. Die Brühe zugießen und alles im geschlossenen Topf etwa 20 Min. garen. Mit Salz und Pfeffer abschmecken und mit Koriander bestreuen.

Pro Portion: 190 kcal / 797 kJ

Oven Fried Potatoes

750 g Kartoffeln, ungeschält, geschrubbt und in Achtel geschnitten
2 TL Olivenöl
1 EL geschmolzene Butter
Salz
Pfeffer
Chilipulver
getrocknete Kräuter

Das Öl und die Butter mit den Gewürzen vermischen und die Kartoffeln damit bepinseln. Auf einem Backblech im Ofen bei 200 Grad etwa 40-50 Min. backen. Dabei mehrmals wenden und bepinseln.

Pro Portion: 170 Kcal

Panierte Frühlingszwiebeln

4 Portionen

2 Bund Frühlingszwiebeln
2 EL Semmelbrösel
Salz
Cayennepfeffer
4 EL Mehl
3 EL Milch
2 Eier

Die Frühlingszwiebeln waschen, putzen und in Stücke schneiden. Die Semmelbrösel mit Salz und Cayennepfeffer pikant würzen. Die Frühlingszwiebeln abtrocknen, in Mehl wenden, durch die mit Milch verrührten Eier ziehen und dann in Semmelbrösel wälzen. Anschließend die Zwiebelstücke ganz kurz in heißem Fett schwimmend ausbacken.

Pro Portion: 155 kcal / 650 kJ

Pettycoat-Salat

6 Portionen

150 g TK-Erbsen
1 Dose Mais (Abtropfgewicht: 140 g)
1 Bund Radieschen
1 rote Paprikaschote
1 Eisbergsalat
2 Bund Schnittlauch
5 EL Weißwein-Essig
Salz
Pfeffer aus der Mühle
8 EL Olivenöl

Die Erbsen auftauen lassen und den Mais abgießen. Das frisches Gemüse, den Salat und den Schnittlauch waschen und trocken tupfen. Die Radieschen und die Paprikaschoten putzen und erbsengroß zerteilen.

Eine Schüssel mit einigen Salatblättern auslegen, den Rest in Streifen und den Schnittlauch in Röllchen schneiden. Alles, bis auf 2 EL Schnittlauch, mischen.

Aus Essig, Salz, Pfeffer und Öl eine Marinade aufschlagen. Unter den Salat ziehen, in der Schüssel anrichten und mit Schnittlauch bestreuen.

Pro Portion: 175 kcal / 735 kJ

Pfannengerührter Spargel mit geräuchertem Tofu

750 g Grüner Spargel
250 g Räuchertofu
250 g Mungobohnensprossen
2 EL Sojaöl
4 EL Sojasauce
2 EL Hoisin-Sauce
Weißer Pfeffer

Den Spargel in 5 cm lange Stücke schneiden. Den Tofu würfeln. Die Sprossen waschen und abtropfen lassen. Das Öl in einem Wok erhitzen. Den Spargel unter Rühren ca. 5 Min. braten. Die Sprossen zufügen und 2-3 Min. weiterbraten. Den Tofu dazugeben. Mit der Sojasauce ablöschen und kurz andünsten. Mit der Hoisin-Sauce und dem Pfeffer abschmecken.

Pro Portion: ca. 190 kcal

Pikanter Kartoffelsalat
2 Portionen

400 g Kartoffeln, festkochend
Etwas Salz
1 TL Kümmel
2 kleine Grüne Paprikaschoten
1 EL Öl
50 ml Gemüsebrühe
Schwarzer Pfeffer a. d. M.
1 Bd. Schnittlauch
1/2 Bd. Radieschen

Die Kartoffeln für diesen Salat können Sie, ebenso wie die Paprikasauce, gut am Vorabend kochen. Vermischen sollten Sie die Zutaten allerdings erst am nächsten Morgen - so bleibt alles bis zum Mittag appetitlich frisch.

Die Kartoffeln waschen und bürsten. In wenig Wasser mit Salz und Kümmel knapp gar kochen. Abgießen, etwas abkühlen lassen, dann pellen und in Scheiben schneiden.

Die Paprikaschoten putzen und waschen, die Kerne und die hellen Trennwände entfernen. Die Schoten grob würfeln. In einem Topf mit Öl bei mittlerer Hitze anschwitzen. Die Brühe angießen. Die Schoten zugedeckt bei schwacher Hitze 5-10 Min. garen.

Die Paprikawürfel anschließend mit dem Pürierstab oder im Mixer pürieren und durch ein Sieb streichen. Mit Pfeffer und Salz kräftig würzen. Den Schnittlauch in feine Röllchen schneiden, die Radieschen putzen und stifteln. Beides mit den Kartoffeln mischen. Die Paprikasauce darüber träufeln.
Pro Portion: ca. 200 kcal / 837 KJ

Radicchio mit Orangen und Ziegenkäse gebacken

2 Köpfe Radicchio
2 Orangen
2 EL Olivenöl
Pergamentpapier
4 Scheib. Junger Ziegenkäse, dünne Scheiben
1 Bd. Thymian
4 TL Balsamessig

Den Radicchio halbieren und die Blätter etwas auseinander drücken. Die Orangen dick schälen und die Filets herausschneiden. Zwischen die Radicchioblätter stecken.

4 Blatt Pergamentpapier mit Öl bestreichen. Auf jedes eine Radicchiohälfte legen. Mit den Käsescheiben und dem Thymian belegen. Mit Essig beträufeln.

Das Papier verschließen. Bei 200 Grad ca. 10 Min. backen.

Pro Portion: Ca. 190 kcal

Ratatouille
4 Portionen

2 Auberginen, mittelgroße
2 Fleischtomaten, große
2 Zucchini
2 Paprikaschoten
5 EL Öl
Salz
Pfeffer, frisch gemahlen
2 Knoblauchzehen
1 Bouquet garni (Gewürzsträußchen = 1 Lorbeerbl., 2 Thymianzw., 2 Stäng. Petersilie
100 ml Wasser, kaltes

Die Auberginen schälen. Die Tomaten kochendheiß überbrühen und häuten. Beides grob würfeln. Die Zucchini waschen, die Stiel- und Blütenansätze entfernen und die Früchte in Scheiben schneiden. Die Paprikaschoten waschen, von den Rippen und den Kernen befreien und in Streifen schneiden.

Das Gemüse in einen dickwandigen Schmortopf geben. Das Öl angießen. Alles salzen und pfeffern. Den Knoblauch schälen und in das Gemüse pressen. Das Bouquet mit Küchengarn binden und einlegen. Das Wasser dazugießen.

Den Topf schließen und das Gericht bei starker Hitze zum Kochen bringen. Die Hitze reduzieren und die Ratatouille bei schwacher Hitze in etwa 1 1/4 Stunden garen. Vor dem Servieren das Gewürzsträußchen entfernen. Die Ratatouille heiß, lauwarm oder kalt servieren.
Pro Portion: 700 KJ

Rettichgemüse

4 Portionen

400 g Rettich
1 Zwiebel
1 Z Knoblauch
1 Peperoni
2 EL Rapsöl
1/2 TL Ingwerpulver
Salz
Zucker
250 ml Gemüsebrühe
1 EL Mehl

Den Rettich waschen, putzen und stifteln. Die gehackte Zwiebel, die gepresste Knoblauchzehe und die Peperoni dünsten. Den Rettich, das Ingwerpulver, Salz, Zucker und die Fleischbrühe zugeben. Alles 35-45 Min. garen. Mit Mehl binden und abschmecken.

Pro Portion: 98 kcal / 415 kJ

Römischer Salat mit Gorgonzola

4 Portionen

1 Kopf Römischer Salat (etwa 300 g)
100 g Radicchio
100 g Zucchini
2 Schalotten
40 g Gorgonzola
3 EL Sahne
3 EL Magerquark
1.5 EL Sherryessig
Orangensaft etwas
Salz
4 Zweige Portulak oder 1/2 Bund Petersilie

Von beiden Salaten die Blätter vom Strunk lösen, waschen, trocken schleudern, in Stücke reißen und in eine Salatschüssel geben. Die Zucchini waschen, trockenreiben und würfeln. Die Schalotten klein hacken und mit den Zucchiniwürfeln unter den Salat mengen.

Den Käse mit einer Gabel zerdrücken, mit der Sahne, dem Quark und dem Essig cremig rühren und soviel Orangensaft dazugeben, bis die Sauce flüssig ist. Die Sauce mit Salz und eventuell noch etwas Essig abschmecken und unter den Salat heben.

Den Portulak abbrausen und trocken tupfen. Die Blättchen von den Stielen zupfen, klein schneiden und über den Salat streuen.
Pro Portion: 230 KJ

Rosenkohlsalat mit Salbeisahne

4 Portionen

600 g Rosenkohlröschen möglichst kleine
1 Apfel großer leicht säuerlicher
4 TL Zitronensaft
1 Banane kleine reife
Salz
weißer Pfeffer, frisch gemahlen
5 EL Crème fraîche
4 EL Milch
4 Salbeiblättchen

Von den Rosenkohlröschen die schlechten Deckblätter abziehen und die Strünke kürzen. Die Röschen lauwarm waschen. Etwa 1/2 l Wasser mit etwas Salz zum Kochen bringen. Die Röschen in einem Siebeinsatz über das Wasser stellen und zugedeckt etwa 20 Min. dämpfen.

Den Apfel waschen, schälen, vierteln und das Kerngehäuse entfernen. Die Apfelviertel in Würfel schneiden und mit der Hälfte des Zitronensaftes mischen.

Die Banane schälen, in Stücke schneiden, mit einer Gabel zerdrücken und mit dem übrigen Zitronensaft, etwas Salz und Pfeffer vermengen. Die Crème fraîche und die Milch unter das Bananenpüree rühren. Die Sauce mit etwas Salz und Zitronensaft abschmecken.

Den Rosenkohl in einem Sieb abtropfen lassen. Den Salbei waschen, trocken tupfen, klein schneiden und unter die Salatsauce mischen. Den Rosenkohl und die Apfelwürfel mit der Sauce vermengen und zugedeckt einige Minuten ziehen lassen.

Pro Portion: 620 KJ

Sauerkrautsalat

4 Portionen

300 g Sauerkraut
2 Frühlingszwiebeln
1/4 Bund Petersilie
1/2 TL Kümmel
100 g saure Sahne (10% Fett)
einige Tropfen flüssigen Süßstoff

Das Sauerkraut gut ausdrücken und mit einer Gabel lockern. Die Frühlingszwiebeln putzen, waschen und in feine Ringe schneiden. Die Petersilie waschen und trocken schütteln. Das Blättchen von den Stielen rupfen und klein hacken. Den Kümmel im Mörser zerstoßen. Die Frühlingszwiebelringe, die gehackte Petersilie und die Saure Sahne unter das Sauerkraut mengen. Mit Kümmel und Süßstoff abschmecken.

Pro Portion: 45 Kcal / 180 kJ

Rote-Bete-Salat mit Frischkäse

4 Portionen

100 g Feldsalat
400 g Rote Bete (kleine Knollen)
1 Zwiebel
1 Apfel säuerlicher
4 TL Zitronensaft
1 EL Zucker

100 g Doppelrahm-Frischkäse
8 EL Milch
Salz
1 Msp. Kümmel gemahlener
2 TL Meerrettich geriebener
2 Zweige Thymian

Den Feldsalat waschen, putzen und abtropfen lassen. Die Rote Bete unter fließendem Wasser bürsten, trocken tupfen und wie einen Apfel schälen. In Scheiben hobeln, diese in feine Stifte schneiden und in eine Schüssel geben.

Die Zwiebel klein würfeln und mit der Roten Bete mischen. Den Apfel schälen, vierteln, das Kerngehäuse entfernen, in Stifte schneiden und mit 1 TL Zitronensaft beträufeln.

In einem kleinen Topf den Zucker mit 2 TL Wasser unter ständigem Rühren erhitzen, bis der Zucker sich aufgelöst hat und goldgelb karamelisiert ist. Dann sofort vom Herd nehmen.

Den Frischkäse mit so viel Milch verrühren, dass eine cremige Masse entsteht. Diese mit dem Salz, dem Kümmel, dem übrigen Zitronensaft, dem Meerrettich und dem Karamel pikant abschmecken.

Eine Salatplatte mit dem Feldsalat auslegen. Die Rote Bete mit dem Apfel unter die Käsecreme heben und neben dem Feldsalat anordnen. Den Thymian waschen, die Blättchen abzupfen, etwas klein schneiden und über den Salat streuen.

Pro Portion: 490 KJ

Zucchini mit Rauke-Soße

4 Portionen

2 Zucchini
2 EL Olivenöl
1 Bund Ruccola (auch Rauke genannt)
1 EL Quark
1 TL Essig
Salz

Die Zucchini in fingerdicke Scheiben schneiden und kurz in heißem Olivenöl braten. Herausnehmen und das Fett auf Küchenkrepp abtropfen lassen.

Die Rauke hacken, mit Quark, Essig, Salz und einem EL Öl im Mixer pürieren und die Masse auf den Zucchinischeiben verteilen.

Pro Portion: 74 kcal / 310 kJ

Rote Bete-Spieße

4 Portionen

1 EL Weißwein
150 ml Mineralwasser (kalt)
1 Ei
100 g Mehl
Salz
4 Rote Bete
1 EL Rapsöl
75 g Quark
100 g Joghurt
1/2 TL Sesamöl
1 TL Sesamkörner
25 g Meerrettich (frisch)

Den Wein, das Mineralwasser, das Ei, das Mehl und dem Salz verquirlen und mindestens 20 Min. in den Kühlschrank stellen.

In der Zwischenzeit die Rote Bete in kochendem Wasser garen, schälen, jeweils in sechs Spalten schneiden und beiseite stellen. Nun je 3 Rote Bete-Spalten auf einen Holzspieß stecken, durch den Teig ziehen und in heißem Öl backen.

Aus Quark, Joghurt, Sesamöl, Sesamkörner und Meerrettich einen Dipp herstellen und diesen zu den Spießen reichen.

Pro Portion: 184 kcal / 768 kJ

Rosenkohl mit Specksoße

4 Portionen

375 ml Wasser
Salz
Pfeffer
Muskat
1 kg Rosenkohl
2 Zwiebeln
75 g Bacon (Frühstücksspeck)
20 g Mehl

250 Milliliter Wasser mit Salz, Pfeffer und Muskat zum Kochen bringen. Den Rosenkohl und die fein gewürfelten Zwiebeln darin etwa 20 Min. gar kochen.

In der Zwischenzeit den klein geschnittenen Bacon ohne Fett auslassen. Anschließend heraus nehmen. In demselben Topf das Mehl bräunen. Mit dem restlichen Wasser und etwas Rosenkohlbrühe ablöschen. Noch mal 5 Min. köcheln lassen. Den Rosenkohl und den vorbereiteten Speck hinein geben und gut miteinander vermischen.
Pro Portion: 119 kcal / 501 kJ

Rotkohlröllchen mit Putenfüllung

8 Portionen

1 Rotkohl (1 kg)
100 ml Gemüsebrühe
1 EL Öl
400 g Putenbrust
1 Altbackenes Brötchen
Salz
Pfeffer
Currypulver
1 Ei
1 EL Semmelbrösel
1 EL Pistazie
100 ml Sahne
1 EL Apfelessig
1 EL Apfeldicksaft

Von dem Rotkohl 16 große Blätter abnehmen, waschen und die Mittelrippe abflachen. In eine große Mikrowellenform legen, mit der Gemüsebrühe beträufeln und zugedeckt bei 600 Watt 3 Min. vorgaren, dann aus dem Sud heben und abkühlen lassen. Den restlichen Rotkohl ebenfalls waschen und in feine Streifen schneiden. In die Form geben, leicht salzen und pfeffern, das Öl unterziehen.

Das Brötchen einige Minuten in Wasser einweichen. Das Fleisch nochmals im Blitzhacker zerkleinern. Ausgedrücktes Brötchen, Ei, Semmelbrösel, Pistazienkerne und Gewürze gut miteinander vermischen und in 8 Portionen teilen.

Die 16 abgelösten Blätter mit kochendem Wasser übergießen und je eine Portion in 2 überbrühte Rotkohlblätter füllen, fest einrollen und mit Bindfaden zusammenbinden. Auf das Rotkohlgemüse legen.

Zugedeckt bei 600 Watt 15 Min. garen. Die Rollen herausheben, den Fond mit Sahne, Apfelessig und -dicksaft vermischen und zu den Röllchen reichen.

Pro Portion: 180 kcal / 751 kJ

Salada de Legumes Comgraode bico (portugiesisch)

4 Portionen

100 g Kichererbsen
2 Möhren
200 g grüne Bohnen
1 Messersp. Safran, gemahlen
1/2 TL Rosmarinnadeln
1 kleine Zwiebel
1 Knoblauchzehe
Petersilie
1 TL Senf
12 EL Wasser
2 EL Essig
Salz
Cayennepfeffer
Basilikum
2 EL Olivenöl

Am Vorabend die Kichererbsen waschen, in kaltem Wasser einweichen und quellen lassen. Am nächsten Tag im Einweichwasser mit dem Rosmarin und den Safran gar kochen. Nach etwa 1 Stunde Kochzeit die geputzten Möhren und die Bohnen zufügen. 15 Min. mitgaren lassen.

Währenddessen die Salatmarinade vorbereiten. Dafür die Zwiebel putzen und in feine Würfel schneiden. Den Knoblauch schälen und mit Salz zerdrücken. Die Petersilie fein hacken. Mit Senf, Wasser, Essig, Salz, Cayennepfeffer und Basilikum zu einer kräftigen Salatsoße verarbeiten. Das Olivenöl zugeben. Nach dem Garen die Gemüsebrühe abgießen, das Gemüse kurz abschrecken und noch heiß in die Salatsoße geben. Gut durchziehen lassen und abgekühlt mit frischem Brot, mit Olivenöl oder Butter bestrichen, servieren.

Pro Portion: 175 kcal / 733 kJ

Schaales

4 Portionen

500 g Kartoffeln
1 Stg Porree (2 cm Durchmesser)
100 g Speck (durchwachsen)
50 ml Wasser

Die Kartoffeln schälen und reiben. Den Porree in dünne Ringe schneiden und mit dem kleingewürfelten, durchwachsenen Speck andünsten. Die Kartoffeln und die Porreemischung vermengen, salzen und in eine Auflaufform bringen. Etwas Wasser dazu, den Deckel drauf und bei 180-200 Grad etwa 45 Min. (oder etwas mehr) schmoren lassen. Mit Apfelmus und/oder Salat anrichten.

Pro Portion: 133 kcal / 553 kJ

Salatviertel mit Radieschen

4 Portionen

1 großer Kopf grüner Salat
1 Bd. Radieschen
1 Bd. Schnittlauch
2 Eigelb
3 EL Olivenöl
1 EL Estragonessig
2 EL saure Sahne
Salz
1 Knoblauchzehe

Den Salatkopf senkrecht in 4 Teile und die Radieschen in dünne Scheiben schneiden. Den Salat und die Radieschen mit den Schnittlauchröllchen auf einer Platte anrichten. Eigelb, Öl, Essig, Sahne, Salz und Knoblauch im Mixer oder mit dem Schneidestab des Handrührgerätes zu einer cremigen Sauce schlagen.

Die Sauce über den Salat gießen und servieren.

Pro Portion: ca. 125 Kcal / 523 kJ

Sauerkraut mit Hummerkrabben

4 Portionen

1 Schalotte
1 TL Butter
500 g Sauerkraut
2 dl Sekt
8 Hummerkrabben
1 dl Crème fraîche
1 dl Sahne
50 g Kerbel

Die Schalotte würfeln und in Butter anschwitzen. Das Sauerkraut zugeben, mit Sekt aufgießen und zugedeckt etwa 10 Min.n bei schwacher Hitze dünsten.

Die Hummerkrabben in kochendes Wasser geben und 30 Min. gar ziehen lassen.

Für die Soße Crème fraîche und die Sahne einkochen, den gehackten Kerbel dazugeben und alles im Mixer pürieren. Die Soße in die Mitte der Teller geben und das Sauerkraut darauf verteilen. Die Hummerkrabben rundherum anrichten und mit etwas Kerbel garniert servieren.

Pro Portion: 112 kcal / 468 kJ

Scharfe Bohnenpaste

4 Portionen

150 g rote Bohnen
350 ccm Wasser
1 Zwiebel
1 Knoblauchzehe
300 g Tomaten
1-2 getrocknete rote Pfefferschoten
1 EL Maiskeimöl
2 EL Rotweinessig
Salz
1 EL gehackte Petersilie

Die Bohnen in dem Wasser 8 Stunden zugedeckt einweichen. Dann einmal aufkochen und zugedeckt bei schwacher Hitze 1 1/2 Stunden leise kochen lassen.

Inzwischen die Zwiebel und den Knoblauch schälen und fein hacken. Die Tomaten häuten und würfeln. Die Pfefferschoten von den scharfen Kernen befreien.

Das Öl in einer Pfanne erhitzen. Die Zwiebel und den Knoblauch darin glasig braten. Die Tomaten, die abgetropften Bohnen und die Pfefferschote dazugeben. Alles bei starker Hitze unter häufigem Umrühren schmoren, bis die Flüssigkeit, die sich gebildet hat, verdampft ist.

Die Mischung pürieren, mit Essig und Salz abschmecken und mit Petersilie bestreut anrichten.

Pro Portion: 180 kcal / 770 kJ

Schmantkartoffeln

6 Portionen

1 kg Kartoffeln
50 g Speck (durchwachsen)
3 Zwiebeln
500 ml Gemüsebrühe
2 TL Majoran
4 EL Schmant

Die Kartoffeln mit Schale in reichlich Wasser in etwa 20 Min. gar kochen. In der Zwischenzeit den in Würfel geschnittenen Speck in einer Pfanne ohne Fett auslassen. Die in Ringe geschnittenen Zwiebeln zugeben und kurz mitdünsten. Mit der Gemüsebrühe ablöschen und kurz aufkochen lassen. Zum Abrunden mit Majoran würzen und den Schmant einrühren.

Zum Schluss die gepellten und in Scheiben geschnittenen Kartoffeln in die Soße geben und darin nur noch kurz erwärmen.
Pro Portion: 184 kcal / 774 kJ

Schnippelbohnen

4 Portionen

750 ml Wasser
300 g Bohnen (grün)
50 g Speck
1 Zwiebel
50 g Mehl
500 ml Gemüsebrühe
1 Spr Essig
Salz
Zucker

Das Wasser mit einem TL Salz zum Kochen bringen und die gewaschenen und klein geschnittenen Bohnen darin etwa 15 Min. garen lassen.

In der Zwischenzeit den fein gewürfelten Speck in einem fettfreien Topf auslassen. Die Zwiebelwürfel zufügen und glasig dünsten. Die Speck-Zwiebel-Mischung heraus nehmen. Das Mehl in den Topf geben, unter ständigem Rühren erhitzen und mit Brühe ablöschen. Dabei immer weiter rühren, kurz aufkochen lassen und die Speck-Zwiebeln zufügen. Das Ganze etwa 10 Min. köcheln lassen. Mit Essig, Salz und Zucker abschmecken und zum Schluss die Bohnen vorsichtig unterheben.

Pro Portion: 131 kcal / 551 kJ

Sellerie-Gemüse mit Möhren

4 Portionen

1 Zwiebel
1 EL Rapsöl
1 kg Staudensellerie
400 g Möhren
1 Dose Tomaten (geschält)
Salz
Pfeffer
1 EL Basilikum

Die Zwiebel in Ringe schneiden und in Öl glasig dünsten. Das Gemüse putzen, den Staudensellerie in kurze, schräge Scheiben, Möhren in Stifte schneiden und hinzufügen. Mit etwas Tomatensoße aus der Dose begießen und bei geschlossenem Deckel garen, bis das Gemüse bissfest ist. Die Tomaten in große Stücke teilen, dazugeben und kurz aufkochen lassen. Mit Salz, Pfeffer und Basilikum würzen.

Pro Portion: 103 kcal / 429 kJ

Sommerlicher Gemüseeintopf

4 Personen

500 g Kohlrabi
300 g Kartoffeln
500 g Weißkohl
1 Zwiebel
2 EL Öl
1 ½ l Gemüsebrühe (Instant)
125 g Zuckerschoten
150 g tiefgefrorene Erbsen
1/2 Töpfchen Kerbel
Salz
Pfeffer
bunter Pfeffer zum Bestreuen

Die Kohlrabi in dünne Spalten, die Kartoffeln in Scheiben und den Kohl in große Stücke schneiden. Die Zwiebel würfeln. Das Öl erhitzen. Das vorbereitete Gemüse darin kurz andünsten. Die Brühe zugießen, kurz aufkochen und bei mittlerer Temperatur etwa 10 Min. köcheln lassen.

Den Kohl, die Zuckerschoten und die Erbsen hinzufügen und weitere ca. 10 Min. garen. Die Kerbelblätter von den Stielen zupfen und - bis auf einige zum Garnieren - grob hacken.

Den Eintopf mit Salz und Pfeffer kräftig abschmecken und in tiefen Tellern anrichten. Den Kerbel und den bunten Pfeffer darüber streuen. Mit den restlichen Kräuterblättchen garnieren.

Pro Portion: ca. 170 kcal / 710 kJ

Spargel mit Schinken

150 g Spargel
50 g Kochschinken
Sauerrahm
Petersilie
Butter
Salz

Den Spargel schälen und kochen. Danach ca. 10 cm lange Spargelstücke jeweils zu 5er Bündeln in Schinken einrollen in eine Auflaufform geben und mit gesalzenem Sauerrahm übergießen. Den Auflauf mit Butter bestreuen und etwas Petersilie darüber geben. Ca. 15 Min. im Backrohr bei 180 Grad garen lassen.

Pro Portion: 200 Kcal

Spargelaspik
4 Portionen

10 Stg Spargel
1 l Wasser
Salz
8 Bl Gelatine (weiß)
2 EL Zucker
2 TL Salz
125 ml Weißweinessig
Pfeffer
200 g Schinken (roh, mager)
1 Bund Kerbel

Den Spargel schälen, putzen und quer halbieren. Das Wasser mit Salz zum Kochen bringen und den Spargel darin gar kochen. Herausnehmen und abkühlen lassen. Die Gelatine in kaltem Wasser einweichen. Den heißen Spargelsud mit Zucker, Salz, Essig und Pfeffer pikant abschmecken. Die Gelatine ausdrücken und darin auflösen. Den Sud abkühlen lassen.

Den Schinken in schmale Streifen schneiden. Den Kerbel kalt abbrausen, trocken schütteln und die Blättchen abzupfen.

Den Spargel auf 4 tiefe Teller verteilen. Den erkalteten Sud darüber gießen. Dabei sollte der Spargel gut bedeckt sein. Die Schinkenstreifen und die Kerbelblättchen vorsichtig darüber verteilen. Das Aspik 2 Stunden im Kühlschrank gelieren lassen.

Pro Portion: 105 kcal / 441 kJ

Zucchini mit Rauke-Soße
4 Portionen

2 Zucchini
2 EL Olivenöl
1 Bund Ruccola
1 EL Quark
1 TL Essig
Salz

Die Zucchini in fingerdicke Scheiben schneiden und kurz in heißem Olivenöl braten. Herausnehmen und das Fett auf Küchenkrepp abtropfen lassen.

Die Rauke hacken. Mit Quark, Essig, Salz und 1 EL Öl im Mixer pürieren und die Masse auf den Zucchinischeiben verteilen.

Pro Portion: 74 kcal / 310 kJ

Spargelgemüse mit Zuckerschoten

750 g Grüner Spargel
1 Bd. Karotten
120 g Schalotten
4 EL Olivenöl
1/8 l Gemüsebrühe
Salz
Pfeffer
Zucker
100 g Zuckerschoten
1 kleiner Bund Basilikum
20 g Sesam
1 EL Saucenbindemittel, hell

Den Spargel waschen, das untere Drittel schälen und die Stangen schräg in ca. 4 cm lange Stücke schneiden. Die Karotten schälen und in dünne Scheiben schneiden. Die Schalotten pellen und halbieren. Das Öl in einer Pfanne erhitzen. Die Schalotten und den Spargel 2 Min. darin andünsten.

Die Gemüsebrühe zugeben, mit Salz, Pfeffer und Zucker würzen und zugedeckt unter gelegentlichem Rühren ca. 10 Min. garen. Inzwischen die Zuckerschoten waschen, die Fäden abziehen und die Schoten schräg halbieren.

5 Min. vor Ende der Garzeit die Karottenscheiben und die Zuckerschoten zu dem übrigen Gemüse geben. Das Basilikum in Streifen schneiden. Den Sesam in einer Pfanne ohne Fett goldbraun rösten. Nach Ende der Garzeit Saucenbindemittel unter das Gemüse rühren und kurz aufkochen lassen. Anschließend den Sesam zugeben, eventuell nachwürzen und mit Basilikumstreifen bestreuen.

Pro Portion: 187 kcal / 783 kJ

Spinatreis
4 Portionen

10 g Butter
2 Zwiebeln
200 g Naturreis
300 g Blattspinat (TK)
500 ml Gemüsebrühe
Salz
Muskat
4 Bl Basilikum

Die Butter in einer Pfanne erhitzen und die in Würfel geschnittenen Zwiebeln darin glasig dünsten. Den Reis und den Spinat zufügen und mit der Gemüsebrühe auffüllen. Mit Salz und Muskat abschmecken und etwa 25 Min. mit Deckel leicht köcheln lassen. Mit gehacktem Basilikum bestreut servieren.
Pro Portion: 120 kcal / 508 kJ

Spargelsalat mit Krevetten

2 Portionen

500 g Spargel (grün)
250 ml Gemüsebrühe
100 g Champignons
1 Apfel
1 EL Sahne
100 g Krevetten
1 Bund Dill

Den Spargel an den unteren Enden frisch anschneiden, falls erforderlich, das untere Drittel schälen. Die Spitzen wegschneiden und den restlichen Spargel schräg in Scheiben schneiden. Die Brühe aufkochen. Die Spargelspitzen und -scheiben hineingeben und ohne Deckel etwa 3 Min. knackig kochen. Abgießen und dabei die Brühe auffangen.

Die Brühe in einer Pfanne auf etwa 3 EL einkochen und erkalten lassen. Die Champignons in feine Scheiben schneiden. Den Apfel raspeln und die Spargelscheiben hinzufügen. Die Sahne unter die Brühe ziehen und mit den Salatzutaten mischen. Auf 2 Tellern die Spargelspitzen und die Krevetten anrichten. Die Soße darüber verteilen und mit dem Dill garnieren.

Pro Portion: 198 kcal / 831 kJ

Spinat mit Möhren

1 Zwiebel
1 EL Butter
100 g Speck (durchwachsen)
300 g Möhren
500 g Spinat
2 Z Knoblauch
Salz
Pfeffer
Muskat
2 EL Erbsen (TK)
2 EL Crème fraîche

Die kleingewürfelte Zwiebel in der Butter glasig dünsten. Den kleingewürfelten Speck hinzufügen und etwas bräunen lassen. Die Möhren putzen, in Ringe schneiden und hinzugeben. Mit etwas Wasser ablöschen und bei geschlossenem Deckel 5-10 Min. dünsten.

Den Spinat waschen, putzen und in kochendem Salzwasser kurz blanchieren. Mit Salz, Pfeffer und Muskat würzen und zu den Möhren geben. Zum Schluss die Erbsen und die Crème fraîche unterziehen, nochmals kurz aufkochen lassen und abschmecken.
Pro Portion: 193 kcal / 810 kJ

Spinat mit Pinienkernen

2 Personen

1 EL Pinienkerne
500 g frischer Blattspinat
1 Knoblauchzehe
1 TL Butter
1 TL kaltgepresstes Olivenöl
2 EL ungeschwefelte Rosinen
Meersalz
1 Pr. gem. Muskatnuss

Die Pinienkerne in einer Pfanne ohne Fettzugabe unter Rühren hellbraun rösten. Beiseite stellen und abkühlen lassen.

Den Spinat verlesen, dabei harte Stiele entfernen und gründlich waschen. Die Spinatblätter in Streifen schneiden. Den Knoblauch schälen und fein hacken oder durchpressen.

Die Butter und das Öl in einem Topf erhitzen. Den Knoblauch darin unter Rühren goldgelb anbraten. Den Spinat und die Rosinen hinzufügen und alles etwa 8 Min. dünsten. Zuletzt die Pinienkerne unterrühren und den Spinat mit Salz und Muskat abschmecken.

Pro Portion: ca. 160 kcal

Zwiebeln geschmort

4 Portionen

8 Zwiebeln
1 EL Butter
1 EL Honig
1 EL Thymian (getrocknet)
200 ml Weißwein

Die Zwiebeln abziehen und oben über Kreuz einschneiden. Eine kleine feuerfeste Form mit Butter ausstreichen und die Zwiebeln hineinsetzen. Den Honig in die Kreuzstellen verteilen und mit Thymian bestreuen. Den Weißwein zugießen und die Zwiebeln im vorgeheizten Backofen bei 160 Grad eine Stunde schmoren. Anschließend im Sud auskühlen lassen.

Pro Portion: 153 kcal / 643 kJ

Sprossengemüse mit Paprikaschoten

4 Portionen

etwa 180 g Sprossen, von einer Sorte oder gemischt
1 grüne Paprika
1 rote Paprika
1 gelbe Paprika
1 Bd. Frühlingszwiebeln
1 gehäufter EL Butter
5 EL Sojasauce
2 Prisen Salz
3 Prisen weißer Pfeffer

Die Sprossen in einem Sieb unter fließendem kaltem Wasser abbrausen, dann abtropfen lassen. Die Paprika waschen, halbieren und die Stielenden abschneiden. Die weiße Haut und die Kerne entfernen. Das Fruchtfleisch in Würfel schneiden. Die Frühlingszwiebeln waschen und die Wurzelenden abschneiden. Die weißen und hellgrünen Teile in feine Ringe schneiden.

Die Butter in einer großen Pfanne erhitzen. Die Zwiebeln und die Paprika dazugeben und unter häufigem Wenden bei mittlerer Hitze etwa 10 Min. dünsten. Dann das Gemüse an den Rand der Pfanne schieben und die Sprossen in die Mitte geben. Unter vorsichtigem Wenden rasch erhitzen. Dann alle Gemüse in der Pfanne vermengen und mit Sojasauce, dem Salz und dem Pfeffer abschmecken.

Das Sprossengemüse auf vorgewärmten Tellern Servieren.

Pro Portion 140 kcal / 570 kJ

Staudenselleriesalat

2 Portionen

150 g Staudensellerie
50 g grüne Paprikaschote
100 g Möhren
30 g Lachsschinken
1 EL Erdnussöl
Pfeffer
Salz
Essig
Knoblauch nach Geschmack

Den Staudensellerie in dünne Scheiben schneiden. Die dickeren Stangen vorher längs teilen. Die Paprikaschote und die Möhren in kleine Würfel schneiden. Den Lachsschinken in feine Streifen schneiden. Die Zutaten mit den Gewürzen mischen, das Öl dazugeben und den Salat abschmecken.

Pro Portion: 120 kcal

Süß-sauer eingelegte Gurken

6 Portionen

1 Salatgurke
250 ml Wasser
50 g Zucker
4 EL Weinessig
5 zw Dill
10 Bl Estragon
2 Lorbeerblätter
1 TL Senfkörner
100 g Joghurt
1 Spr Sherryessig
Salz
Pfeffer

Zubereitungszeit beträgt zwei Tage.

Die Gurke schälen und längs halbieren. Die Kerne mit einem TL herausschaben. Die Gurkenhälften in etwa 3 Millimeter dünne Scheiben schneiden.

Wasser mit Zucker, Weißweinessig, den abgeschnittenen Dillstielen (das Dillkraut zur Dekoration aufheben), Estragon, Lorbeerblättern und Senfkörnern aufkochen. Die Gurkenscheiben zugeben, erneut aufkochen und abkühlen lassen. Gut zugedeckt bei Zimmertemperatur einen Tag ziehen lassen.

Alles durch ein Sieb gießen. Die Dillstiele, den Estragon, den Lorbeer und die Senfkörner entfernen. Das Dillkraut fein hacken. Mit dem Joghurt, einem halben EL Gurkensud je Portion und etwas Sherryessig verrühren. Die Gurken untermischen und mit Salz und Pfeffer abschmecken.

Pro Portion: 59 kcal / 248 kJ

Gemüsepfanne

150 g Broccoli
150 g Blumenkohl
100 g Karotten
80 g Bohnen
1 EL Butterschmalz
Salz
Pfeffer

Den Broccoli und den Blumenkohl waschen und in kleine Stücke schneiden. Die Karotten schälen und in Scheiben schneiden. Alles mit den Bohnen in eine Pfanne geben und mit Butterschmalz bei mittlerer Temperatur dünsten. Dann mit Salz und Pfeffer abschmecken.

Pro Portion: 195 Kcal

Tofuküchlein mit Gemüse
4 Portionen

350 g Knollensellerie
350 g Möhren
200 g Tofu
2 EL Vollkornbrösel
Salz
weißer Pfeffer
2 Prisen Muskat
1/4 TL getrockneter Estragon
1/2 Bd. Petersilie
zum Braten ungehärtetes Kokosfett

Den Sellerie und die Möhren putzen. In einem Kartoffeldämpfer etwa 2 Finger hoch Wasser zum Kochen bringen. Den Sellerie und die Möhren über Dampf zugedeckt weich garen. Das Gemüsekochwasser beiseite stellen. Die Gemüse abkühlen lassen, dann schälen und grob zerkleinern.

Den Tofu abtropfen lassen und würfeln. Die Gemüse und den Tofu im Mixer pürieren, dabei so viel Gemüsewasser zugießen, dass sich die Zutaten gut zerkleinern lassen.

Das Gemüsepüree mit so viel Bröseln vermischen, dass ein formbarer Teig entsteht. Mit Salz, Pfeffer, dem Muskat und Estragon pikant abschmecken. Die Petersilie klein schneiden und unter den Teig mischen.

Aus dem Teig kleine Küchlein formen und diese im Fett bei schwacher bis mittlerer Hitze von beiden Seiten in 5-8 Min. goldbraun braten.

Pro Portion: 590 kJ

Weißkrautsalat mit Ingwer
4 Portionen

500 g Weißkraut, geputzt gewogen
Salz
Pfeffer, frisch gemahlen
1 frischer Ingwer (etwa 30 g)
1 TL Kreuzkümmel
2 Becher Vollmilchjoghurt (à 175 g)
Saft von 1 Zitrone

Das Weißkraut waschen, auf einer Gemüsereibe hobeln und mit Salz und Pfeffer mischen. Mit den Händen leicht durchkneten. Den Ingwer schälen und fein reiben.

Den Kreuzkümmel im Mörser zerstoßen, mit geriebenem Ingwer, dem Joghurt und Zitronensaft unter das Weißkraut mischen und bis zum Anrichten kühl stellen.

Pro Portion: 390 KJ

Tomaten mit Blumenkohl-Curry-Quark

4 Portionen

4 Tomaten
300 g Blumenkohl
100 g Erbsen (TK)
1 EL Curry
250 g Magerquark
1/2 EL Majoranblättchen
1/2 TL Salz
Pfeffer

Von den Tomaten den Deckel abschneiden, aushöhlen und auf 4 Teller stellen. Den Deckel beiseite legen. Den Blumenkohl in Röschen teilen. Den Strunk würfeln und im siedenden Wasser etwa 10 Min. knapp weich garen. Die Erbsen 5 Min. vor Garende zugeben und mit köcheln lassen. Abgießen und abtropfen lassen.

Ein paar schöne kleine Blumenkohl-Röschen und Erbsen für die Garnitur beiseite stellen. Den Blumenkohl in kleine Stücke schneiden. Den Curry ohne Fett in einer Bratpfanne leicht rösten. Den Quark mit dem Gemüse, den fein gehackten Majoranblättchen, Salz und Pfeffer mischen. Die Masse in die Tomaten füllen, den Deckel aufsetzen und garnieren.

Pro Portion: 99 kcal / 417 kJ

Zucchini vegetarisch gefüllt

4 Portionen

4 Zucchini
1 Zwiebel
100 g Frischkäse (Doppelrahmstufe)
Salz
Pfeffer
1 Bch Saure Sahne
Paprikapulver

In einem Topf reichlich Salzwasser zum Kochen bringen und die ganzen Zucchini etwa 15 Min. garen lassen. Herausnehmen, nach dem Abkühlen der Länge nach durchschneiden und vorsichtig mit einem Löffel ein wenig vom Fruchtfleisch heraus kratzen.

Die Zwiebel pellen, fein würfeln und mit dem Frischkäse und dem Zucchinifleisch mischen. Die Masse mit Salz und Pfeffer abschmecken und die Zucchini damit füllen. Das Gemüse in eine gefettete Auflaufform geben und mit der verrührten Sauren Sahne bestreichen. Mit Paprikapulver bestreut etwa 10 Min. im auf 200 Grad vorgeheizten Ofen überbacken.

Pro Portion: 172 kcal / 722 kJ

Tomaten-Kohlrabi-Salat

2 Portionen

2 Tomaten
1 Kohlrabi
1/4 Salatgurke
1 Zwiebel
1 Bund Radieschen
Petersilie
Estragon (frisch oder tiefgekühlt)
1 EL Sonnenblumenkerne
1 EL Zitronensaft
2 EL Apfelessig
1 TL Traubenkern- oder Walnussöl
Salz
Pfeffer
eventuell flüssiger Süßstoff

Die Tomaten waschen und achteln. Die Kohlrabi schälen, waschen und in mittelgroße Würfel schneiden. Die Gurke schälen, waschen und längs halbieren. Das Fruchtfleisch mit dem Löffel herauskratzen und würfeln. Die Zwiebel ebenfalls putzen und würfeln. Die Radieschen in feine Scheiben schneiden. Die Kräuter putzen, waschen, trocken schütteln und klein hacken.

Für die Marinade den Zitronensaft, den Apfelessig und die Gewürze mischen. Zuletzt das Öl und die Sonnenblumenkerne zugeben. Den Salat mit der Marinade mischen und mindestens eine halbe Stunde im Kühlschrank durchziehen lassen.

Pro Portion: 100 Kcal / 400 kJ

Tomaten-Oliven-Soße

4 Portionen

500 g Tomaten
3 EL Oliven, gefüllt
3 EL Oliven, schwarze (ohne Stein)
5 EL Olivenöl
1 TL Rosmarin
Salz
Pfeffer
500 g Spaghetti

Die Tomaten waschen, entkernen und in Streifen schneiden. Die Oliven in Scheiben schneiden. Das Öl erhitzen und darin die Tomaten, die Oliven und den Rosmarin kurz andünsten. Mit Salz und Pfeffer abschmecken.

Pro Portion: 190 kcal / 790 KJ

Tomatenragout

800 g Eiertomaten
50 g Zwiebeln
30 g Butter
Kräutersalz
Pfeffer, frisch gemahlen

Die Tomaten waschen und die Stängelansätze herausschneiden. Über Kreuz einschneiden und in heißes Wasser legen, bis sich die Haut löst. Halbieren, die Kerne entfernen und in fingerdicke Stücke schneiden.

Die Zwiebeln fein würfeln. Die Butter in einer großen Pfanne schmelzen. Zuerst die Zwiebeln andünsten, dann die Tomatenwürfel zugeben. Ohne Deckel garen, bis die Flüssigkeit eingekocht ist - die Tomaten sollen aber nicht zerfallen. Mit Kräutersalz und Pfeffer den fruchtigen Geschmack abrunden.

Pro Portion: 95 kcal

Tomaten-Salat mit Bulgur

4 Portionen

250 g Bulgur (Reformhaus, Naturkostladen)
500 g Tomaten
1 Gemüsezwiebel
3.5 Knoblauchzehen
1 Bd. Petersilie
6 EL Olivenöl
1 Zitrone, Saft
1 TL Kreuzkümmel gemahlener
schwarzer Pfeffer, frisch gemahlen
Salz

Den Bulgur mit reichlich Wasser bedecken und etwa 30 Min. quellen lassen. Falls nötig, noch etwas Wasser dazugeben.

In der Zwischenzeit die Tomaten waschen, von den Stielansätzen befreien und in nicht zu kleine Würfel schneiden. Die Zwiebel schälen, halbieren und ebenfalls in Würfel schneiden. Den Knoblauch schälen und durch die Knoblauchpresse drücken. Die Petersilie waschen, trocken schütteln und ohne die groben Stiele fein hacken.

Alles in eine große Schüssel geben. Das Olivenöl mit dem Zitronensaft und dem Kreuzkümmel verrühren und über die Zutaten in der Schüssel gießen.

Den Bulgur in ein Sieb abgießen, gut abtropfen lassen und dazugeben. Alles gut vermengen. Den Salat mit Pfeffer und Salz abschmecken und etwa 1 Stunde durchziehen lassen.

Pro Portion: 200 KJ

Überbackener Brokkoli

500 g Brokkoli
3 kleine Chicoreestauden
1 Zwiebel
1 Knoblauchzehe
200 g passierte Tomaten
150 g Kräuterfrischkäse
Salz
Pfeffer

Den Brokkoli waschen und zerteilen. Die Chicoreestauden längs halbieren. Jeweils den Brokkoli und den Chicoree in heißem Salzwasser für 3 Min. blanchieren.

Die Zwiebel und den Knoblauch schälen. Die Zwiebeln würfeln und mit etwas Olivenöl andünsten. Den Knoblauch dazu pressen. Die passierten Tomaten hinzufügen und den Frischkäse unterrühren, bis er sich aufgelöst hat. Mit Salz und Pfeffer kräftig abschmecken.

Den Ofen auf 200 Grad vorheizen. Eine Form mit ein wenig Öl ausreiben und den Chicoree und den Brokkoli sternförmig hineinlegen. Salzen und pfeffern und mit der Sauce begießen. 20 Min. im Ofen überbacken.

Pro Portion: ca. 200 kcal

Wachteleier auf Endiviensalat

4 Portionen

1 Kopf Endiviensalat (etwa 300 g)
2 Frühlingszwiebeln
Salz
schwarzer Pfeffer, frisch gemahlen
1.5 EL Sherryessig
3 EL Olivenöl
2 EL Kresseblättchen
100 g Kirschtomaten
8 Wachteleier, aus dem Glas
Thymian einige Blättchen

Von der Salatstaude das Wurzelende abschneiden und die Blätter einzeln unter fließendem Wasser waschen, abtropfen lassen und in Streifen schneiden.

Die Frühlingszwiebeln putzen, waschen und in Scheibchen schneiden. Etwas Salz mit einer Prise Pfeffer und dem Essig verrühren. Das Öl darunter schlagen und die Marinade mit den Kresseblättchen, den Zwiebelscheibchen und dem Endiviensalat vermengen. Die Kirschtomaten waschen gund halbieren. Die Wachteleier ebenfalls halbieren. Mit etwas Salz bestreuen und auf dem Salat anrichten. Den Thymian waschen und auf die Tomaten streuen.
Pro Portion: 570 KJ

Weißkohlsalat

4 Portionen

1/2 Weißkohl
4 Eigelb
1 TL Senf (mild)
1 TL Zucker
Salz
Pfeffer
100 ml Milch
1 Spr Weißweinessig
1 Spr Tabasco

Den Weißkohl putzen, in zwei Viertel schneiden, den Strunk entfernen und den Kohl fein hobeln. In reichlich kochendes Salzwasser geben und 2 Min. kochen lassen (blanchieren). Auf ein Sieb geben, kalt abschrecken, abtropfen und auskühlen lassen.

Für die Soße Eigelb, Senf, Zucker, Salz, Pfeffer und Milch mit dem Schneebesen verrühren und in leicht köchelndem Wasserbad cremig aufschlagen. Abkühlen lassen. Mit Essig, Tabasco und eventuell nochmals mit Salz und Zucker pikant abschmecken. Die Soße unter den Kohl heben und einige Stunden durchziehen lassen.

Pro Portion: 104 kcal / 436 kJ

Brotzeitpfanne
4 Portionen

4 Hähnchenbrustfilets
Salz
Pfeffer
1/2 TL Paprikapulver
1 TL Majoranpulver
1 Knoblauchzehe
2 TL Butterschmalz
2 Zwiebeln
1 Paprikaschote (rot)
1 Paprikaschote (grün)
1 cl Weißwein
2 TL Schnittlauch
Kümmelpulver
Cayennepfeffer
Speisewürze
200 g Mozzarella

Zuerst die Hähnchenbrustfilets waschen und gut trocken tupfen. Anschließend mit Salz, Pfeffer und Majoran würzen. Die Knoblauchzehe pellen, fein hacken und mit dem Butterschmalz in ein vorgeheiztes Bräunungsgeschirr geben. Das Fleisch dazugeben und das Ganze bei 600 Watt in der Mikrowelle etwa 8-10 Min. braten.

In der Zwischenzeit die Zwiebeln schälen und in feine Streifen schneiden. Die beiden Paprikaschoten halbieren, entkernen und in dünne Streifen schneiden. Den Weißwein und das Gemüse zu den Filets geben und nochmals 8-10 Min. garen.

Nach Garende den Schnittlauch in die Soße geben und mit Kümmelpulver, Cayennepfeffer, Speisewürze, Salz und Pfeffer kräftig abschmecken. Den Mozzarellakäse in feine Scheiben schneiden und über das Fleisch geben. Nochmals 6-8 Min. überbacken und servieren.

Pro Portion: 197 kcal / 826 kJ

Mecklenburger Landbrot mit geräucherter Gänsebrust
1 Portion

1 Schb Mecklenburger Landbrot
1 Bl Kopfsalat
3 Schb Gänsebrust (geräuchert)
1 TL Petersilie

Das Mecklenburger Landbrot buttern. Mit dem Salatblatt und den Scheiben der geräucherten Gänsebrust belegen und mit Petersilie garnieren.

Pro Portion: 129 kcal / 539 kJ

Gans mit Pilzfüllung
8 Portionen

1 Gans (etwa 4-5 Kilo)
Jodsalz
weißer Pfeffer
1 EL Beifuss (getrocknet)
100 g Frühstücksspeck
2 Zwiebeln
2 EL Butter
1 gl Mischpilze (Abtropfgewicht ca. 400 g)
120 g Semmelbrösel (Paniermehl)
Pfeffer
Paprikapulver
1 Bund Petersilie
100 ml Sahne
2 EL Kartoffelmehl
Zucker

Die Gans mit kaltem Wasser gründlich waschen und mit Küchenkrepp innen und außen trocknen. Mit Jodsalz, weißem Pfeffer und Beifuss innen und außen einreiben.

Für die Füllung den Speck in kleine Würfel schneiden, die Zwiebeln abziehen und fein würfeln. Die Butter in einer Pfanne schmelzen und die Zwiebeln darin anbraten. Die Speckwürfel dazu geben und mitbraten. Die Mischpilze auf ein Sieb geben, mit kaltem Wasser abbrausen, abtropfen lassen und mit in die Pfanne geben.

Die Füllung unter Rühren 5 Min. anbraten. Die Semmelbrösel dazugeben und mit Jodsalz, Pfeffer aus der Mühle und Paprikapulver würzen. Die Petersilie waschen, trocken schütteln, fein hacken und unter die Füllung rühren.

Die Füllung in die vorbereitete Gans füllen. Die Gans verschließen und mit Küchengarn zunähen. Mit der Brust nach unten in eine Bratpfanne geben. Mit 1 Liter heißem Wasser angießen und im vorgeheizten Bratrohr bei 165 Grad 90 Min. braten. Die Gans zwischendurch mit Bratfond übergießen und umdrehen.

Die Gänsehaut unterhalb der Keule mit einer Nadel einstechen (damit das Fett besser austreten kann) und weitere 2 Stunden braten. Etwa 10 Min. vor Ende der Bratzeit den Backofen auf 220 Grad aufheizen. In einer halben Tasse Wasser 1 TL Jodsalz auflösen und über die Gans gießen, damit sie schön knusprig wird.

Für die Soße den Bratsatz lösen und in einen Topf umfüllen. Mit der Sahne verfeinern und aufkochen lassen. Das Kartoffelmehl in kaltem Wasser glatt rühren und die Soße damit binden. Mit Jodsalz, Pfeffer aus der Mühle und einer Prise Zucker abschmecken.

Pro Portion: 141 kcal / 590 kJ

Geflügelsalat California Dreaming

6 Portionen

600 g geräucherte Putenbrust
3 Orangen
100 g Mayonnaise
1 Becher Joghurt natur (150 g)
Saft von 2 Orangen
Salz
Pfeffer aus der Mühle
2 reife Avocados
Saft von 1 Zitrone
2 Kästchen Kresse

Das Geflügel in 1 cm breite Streifen schneiden. Die Orangen mit einem Messer schälen, so dass auch die weiße Haut entfernt wird. Die Fruchtsegmente zwischen den Trennhäuten herausschneiden. Dabei den Saft auffangen.

Die Mayonnaise mit dem Joghurt und dem Orangensaft verrühren. Mit Salz und Pfeffer würzen. Mit den Geflügelstreifen und den Orangenfilet-Stücken mischen. Die Avocados halbieren. Die Steine entfernen und Schalen abziehen. Das Fruchtfleisch 2 cm groß würfeln, mit Zitronensaft beträufeln und unter den Salat heben. Mit Kressesträußchen garnieren.

Pro Portion: 200 kcal / 840 kJ

Hähnchen-Soufflé

6 Portionen

250 ml Hühnerbrühe
250 g Spargel
125 g Hähnchenbrustfilet
1 Pk Soßenpulver (hell)
3 EL Sahne
3 Eigelb
3 Eiweiß

Die Hühnerbrühe aufkochen, den geputzten und in mundgerechte Stücke geschnittenen Spargel und das Hähnchenfleisch darin etwa 5 Min. kochen lassen. Beides heraus nehmen, das Fleisch in kleine Würfel schneiden und beiseite stellen.

Die Flüssigkeit mit Wasser auf 250 Milliliter auffüllen, das Soßenpulver hinein rühren und das Ganze kurz aufkochen lassen. Mit der Sahne binden, das Eigelb zugeben und den Topf vom Herd nehmen. Anschließend das steif geschlagene Eiweiß vorsichtig unterheben. Den Spargel und das Hühnchenfleisch auf 6 gefettete Förmchen oder Tassen verteilen. Die Soße darauf geben und die Soufflés im auf 180 Grad vorgeheizten Backofen etwa 30 Min. garen.

Pro Portion: 172 kcal / 719 kJ

Hähnchen-Tomaten-Spieße

4 Portionen

Salz
Pfeffer
250 g Cocktailtomaten
1 EL gehackter Rosmarin
2 EL Worcestersauce
2 EL Honig
3 EL Tomatenmark
500 g Hähnchenbrustfilet

8 Holzspieße 30 Min. wässern oder Metallspieße nehmen. Die Hähnchenbrustfilets in 2,5 cm große Stücke schneiden und in eine Schüssel geben. Das Tomatenmark, den Honig, die Worcestersauce und den Rosmarin mit in die Schüssel geben. Alles gut mit dem Fleisch vermengen und mit Salz und Pfeffer abschmecken.

Die Hähnchenstücke und die Tomaten abwechselnd auf die Spieße stecken. Mit der restlichen Sauce bestreichen. Unter gelegentlichem Wenden in einer Pfanne braten, bis das Fleisch gar ist.

Pro Portion: 195 kcal

Putensandwich

1 Portion

2 Salatblätter
2 EL Sprossen
2 cm Salatgurke
1/8 Paprikaschote, rot
1 TL Milch, 1,5 %
½ TL Meerrettich
1 EL Buttermilch-Frischkäse, 8 %
Pfeffer
1 Scheibe Mehrkornbrot
2 Scheiben Putenbrust, geräuchert

Die Salatblätter, die Sprossen und die Gurke waschen und trocken tupfen. Die Gurke in Scheiben schneiden. Die Paprikaschote putzen, fein würfeln und mit der Milch und dem Meerrettich unter den Frischkäse rühren. Die Masse mit Pfeffer abschmecken.

Die Brotscheibe halbieren. Eine Hälfte mit der Käsemasse bestreichen, mit Salat, Gurke, Putenbrust und Sprossen belegen. Die 2. Hälfte oben auf legen.

Pro Portion: 200 kcal

Wachteleier auf Endiviensalat

4 Portionen

1 Kopf Endiviensalat (etwa 300 g)
2 Frühlingszwiebeln
Salz
schwarzer Pfeffer, frisch gemahlen
1.5 EL Sherryessig
3 EL Olivenöl
2 EL Kresseblättchen
100 g Kirschtomaten
8 Wachteleier aus dem Glas
Thymian einige Blättchen

Von der Salatstaude das Wurzelende abschneiden und die Blätter einzeln unter fließendem Wasser waschen, trocken schleudern oder abtropfen lassen. Die Blätter in Streifen schneiden.

Die Frühlingszwiebeln putzen, waschen und in Scheibchen schneiden. Etwas Salz mit einer Prise Pfeffer und dem Essig verrühren. Das Öl darunter schlagen und die Marinade mit den Kresseblättchen, den Zwiebelscheibchen und dem Endiviensalat vermengen.

Die Kirschtomaten waschen und halbieren. Die Wachteleier ebenfalls halbieren. Mit etwas Salz bestreuen und auf dem Salat anrichten. Den Thymian waschen und auf die Tomaten streuen.

Pro Portion: 570 KJ

Aachener Printen

30 Portionen

300 g Zucker
250 g Brauner Kandiszucker
500 g Mehl
1 Ei
1 Eigelb
1 TL Zitronenschale (abgerieben)
1 TL Zimt
125 g Honig
1 EL Rum oder Milch
1 TL Pottasche
6 EL Wasser

Zunächst den Zucker in einer Pfanne karamelisieren und anschließend mit dem Wasser glatt rühren. Nach dem Erkalten mit den Eiern 10 Min. schaumig rühren. Nun Pottasche in Milch oder Rum auflösen. Mit dem flüssigen Honig zur Zuckermasse geben und mit allen anderen Zutaten gründlich verarbeiten.

In einem Steintopf mit zugedecktem Tuch mindestens 8 Tage kühl stellen. Den Teig nochmals kneten. Etwa 2-3 cm dick ausrollen und in 10 cm lange und 2 cm breite Streifen schneiden. Mit Eiweiß bepinseln und bei milder Hitze backen.

Pro Portion: 149 kcal / 623 kJ

Buttertrüffel

24 Trüffel

25 g Haselnüsse
25 g Kokosfett
100 g Schokolade (auch Diabetiker-Schokolade)
25 g weiche Butter
3 EL Sahne
1 EL Rum
etwas Süßstoff oder Zucker
24 Pralinenkapseln

Die Haselnüsse sehr fein mahlen und in einer trockenen Pfanne leicht anrösten. Dann abkühlen lassen. Das Kokosfett bei milder Hitze schmelzen, die Schokolade grob hacken und unter Rühren im Kokosfett auflösen. Haselnüsse, Butter, Sahne, Rum und Süßstoff (oder Zucker) unter die Schokolade rühren und im Kühlschrank 45 Min. fest werden lassen. Sobald die Masse spritzfähig ist, zu einer luftigen Creme schlagen und in die Pralinenkapseln spritzen.

Pro Trüffel: 46 kcal / 192 kJ

Apfel-Birnen-Strudel

14 Stücke

Strudelteig

230 g Weizenmehl (Type 405)
30 ml Sonnenblumenöl,
1/2 TL Meersalz mit Jod und Fluor
6 Diät Zwieback

Füllung

je 500 g säuerliche Äpfel und Birnen
Saft und Schale einer unbehandelten Zitrone
2 EL Walnusskerne
2-3 EL Diabetiker-Süße
1 TL gemahlener Zimt
40 g Butter oder Diätmargarine
½ EL Diabetiker-Süße zum Bestreuen

Aus den Teigzutaten und 110 ml lauwarmen Wasser einen elastischen Strudelteig kneten. In Klarsichtfolie gewickelt 30 Min. ruhen lassen. Den Zwieback fein zerkrümeln.

Die Äpfel und die Birnen schälen, vierteln, entkernen und die Viertel in Scheibchen schneiden. Mit Zitronensaft und -schale, kleingehackten Nüssen, Diabetiker-Süße, Zimt und Zwiebackbröseln mischen. Den Teig dünn ausrollen, dann so dünn wie möglich zu einem Rechteck von etwa 40 cm x 50 cm ausziehen und auf ein Küchentuch legen.

Das Fett in einem kleinen Topf zerlassen. Den Teig mit der Hälfte des Fettes bestreichen. Die Füllung als Strang mit etwas Abstand zum Rand auf eine Längsseite geben. Den Teig darüber schlagen und den Strudel von der belegten Seite her durch Anheben des Küchentuchs aufrollen.

Den Strudel mit dem restlichem Fett bepinseln und auf ein mit Backpapier ausgelegtes Backblech geben. Im vorgeheizten Backofen bei 225 Grad 25-30 Min. backen. Den Strudel eventuell zwischendurch mit Backpapier abdecken, wenn er zu dunkel werden sollte. Den abgekühlten Strudel mit Diabetiker-Süße bestreuen.

Pro Stück: 136 kcal / 568 kJ

Apfel-Blätterteig-Taler

10 Stück

300 g TK-Blätterteig (5 Scheiben)
400 g geputzte und geschälte Äpfel
1-2 EL Zitronensaft
30 g Aprikosen-Konfitüre (für Diabetiker geeignet)
1 EL Diabetikersüße
Backpapier

Die Blätterteigscheiben nebeneinander legen und auftauen lassen. Die Äpfel waschen, trocken tupfen und in dünne Spalten schneiden. Sofort mit Zitronensaft beträufeln. Die Teigscheiben quer halbieren und einzeln zu Quadraten ausrollen. Jeweils die Ecken nach innen umklappen.

Daraus runde Böden formen und auf ein mit Backpapier belegtes Blech legen. Die Konfitüre erwärmen. Die Hälfte davon dünn auf die Blätterteigböden streichen. Mit Apfelspalten belegen. Im vorgeheizten Backofen bei 200 Grad ca. 15-18 Min. backen.

Die Apfel-Taler nach dem Backen mit der restlichen Konfitüre bestreichen und auskühlen lassen. Mit Diabetikersüße bestreuen. Zum Einfrieren geeignet.

Pro Stück: ca. 160 kcal / 670 kJ

Apfeldatschi vom Blech

100 g Maismehl
100 g Maisstärke
30 g Fruchtzucker
1/2 Pk. Hefe
1 TL Weinstein-Backpulver
5 Messlöffel Biobin-Bindemittel
1 pn Salz
160 ml lauwarmes Wasser
500 g Äpfel
1 EL Zitronensaft
30 g Fruchtzucker
etwas Öl

Maisstärke und Maismehl, Fruchtzucker, Hefe, Backpulver, Biobin und Salz in eine Rührschüssel geben. Das Wasser dazugeben und gut durchkneten. Das Öl dazugeben und weiterkneten, bis sich ein glatter Teig gebildet hat. Den Teig an einem warmen Ort 30 Min. gehen lassen. Die Äpfel schälen und in Scheiben schneiden. Den Teig auf einem Blech ausrollen, mit den Äpfeln belegen und Zucker darüber verteilen.

Den Kuchen 30 Min. bei 220 Grad backen.

Pro Stück: 103 Kcal / 435 KJ

Apfel-Kirsch-Mohn-Blechkuchen

1 Backblech

150 g Diät-Backmargarine
50 g Zucker
1 Prise Bourbon-Vanille, gemahlen
3 Eier
250 g Mehl
1 Glas Backpulver
250 g Mohnback, Fertigprodukt
600 g Äpfel, säuerlich z.B. Boskop
300 g Kirschen, entsteint evtl. aus dem Glas
100 g Orangenkonfitüre
Puderzucker

Die Margarine mit Zucker und Vanille cremig rühren. Die Eier einzeln unterrühren. Das Mehl und das Backpulver mischen und unter den Teig rühren. Zuletzt das Mohnback untermengen.

Den Teig auf ein gefettetes Backblech (ca. 30x40 cm) streichen. Die Äpfel schälen, vierteln, entkernen und in Spalten schneiden. Die Äpfel und die Kirschen dekorativ auf dem Teig verteilen.

Die Konfitüre mit etwas Wasser vermengen, kurz aufkochen und auf die Äpfel streichen. Den Kuchen im vorgeheizten Backofen bei 175 Grad 40-45 Min. backen. Mit Puderzucker bestäuben.

Bei 20 Stücken :Pro Stück ca. 193 kcal / 808 kJ

Grieß-Quark-Kuchen

12 Stücke

125 g Butter
3 Eier
150 g Zucker
1 1/2 Päckchen Vanillezucker
500 g Magerquark
65 g Hartweizenries
1/2 Päckchen Backpulver
1/4 Fläschchen Rumaroma
etwas Zitronensaft

Die Butter weich werden lassen und alles miteinander verrühren und in die mit Butter ausgestrichene Backform geben. Bei Heißluft bei 160 Grad (E-Herd: 180 Grad) ca. 50 Min. backen.

Pro Portion: 197 kcal / 826 kJ

Apfelkuchen Elsässer Art
12 Portionen

100 g Äpfel
250 g feingemahlenes Buchweizenmehl
0,1 l Weißwein
50 g Zucker
1 EL Zucker
2 Pk Vanillezucker
0,1 l Sahne
1 TL Zitronenschale
125 g Margarine
75 g Honig
2 Eier
1 Prise Salz

Zunächst die Margarine mit Honig und Salz schaumig rühren. Dann das Mehl abwechselnd mit dem Weißwein in den Teig geben. Gut kneten und für 30 Min. kalt stellen. Eine Springform mit dem Teig auslegen. Den Rand hochdrücken und kühl stellen. Währenddessen die Äpfel schälen, halbieren und entkernen. An den Rundungen einritzen. Mit den Rundungen nach oben auf den Teig setzen und Zucker draufstreuen.

Den Kuchen bei 225 Grad gut 30 Min. im Ofen backen. Die Eier, den Vanillezucker, die Zitronenschale und den Zucker schaumig rühren. Die Sahne unterheben und die Masse über die Äpfel verteilen. Nochmals 10 Min. backen.

Pro Portion: 193 kcal / 807 kJ

Schoko-Crossies
100 Portionen

200 g Mandelstifte
200 g Cornflakes
300 g weiße Kuvertüre
200 g Vollmilch-Kuvertüre
1 Pk Feine Orangenfrucht
100 g Nougatmasse

Als erstes werden die Mandelstifte in einer Pfanne ohne Fett geröstet. Anschließend auf eine Platte geben und abkühlen lassen. Beide Sorten Kuvertüre werden nun zerkleinert und im Wasserbad geschmolzen. Allerdings getrennt: Zunächst die weiße Kuvertüre zusammen mit der Orange und anschließend die dunkle Kuvertüre zusammen mit der Nougatmasse.

Wenn beide flüssig sind, wird die Hälfte der Mandeln und der Cornflakes in die weiße Kuvertüre gegeben, die andere Hälfte in die dunkle. Nun mit 2 TL kleine Häufchen abstechen, auf Bleche legen und kalt und fest werden lassen.

Pro Portion: 24 kcal / 100 kJ

Apfeltaschen

8 Stück

300 g geschälte Äpfel
1/2 Vanilleschote
1 EL Zitronensaft
2 TL flüssiger Süßstoff
125 g Magerquark
5 EL fettarme Milch (1,5 % Fettgehalt)
3 EL Öl

1 Pr. Salz
240 g Mehl (Type 405)
1/2 Pck. Backpulver
1 Ei
1 EL Streusüße zum Bestäuben
Backpapier zum Bleche belegen

Die Äpfel vierteln, entkernen und würfeln. Die Vanilleschote längs aufschneiden und das Mark herausschaben. Die Apfelwürfel, den Zitronensaft, 50 ml Wasser, Vanilleschote und -mark aufkochen und ca. 10 Min. bei milder Hitze dünsten. Mit 1/2 TL Süßstoff abschmecken. Die Vanilleschote entfernen und den Kompott abkühlen lassen.

Quark, Milch, Öl, Süßstoff und Salz verrühren. Das Mehl und das Backpulver darunter kneten. Den Teig in 8 Stücke teilen und jedes Stück zu einem Rechteck (14 x 16 cm) ausrollen. Je 2 EL Kompott auf die untere Hälfte geben. Die obere Hälfte mehrmals einschneiden. Das Ei trennen und die Teigränder mit dem Eiweiß bestreichen. Zusammenklappen und an den Rändern andrücken. Mit verquirltem Eigelb bestreichen.

Im Ofen bei 200 Grad auf Backpapier 10-15 Min. backen. Mit Streusüße bestäuben.

Pro Stück: ca. 190 kcal / 790 kJ

Fastnachküchlein

16 Portionen

400 g Mehl
3 Eier
60 g Butterschmalz
20 g Zucker
3 EL Puderzucker
20 g Sahne
2 EL Kirschwasser

In einer Schüssel das Mehl zu einem Ring formen. Die restlichen Zutaten gut verrühren und in die Mitte des Mehlringes geben. Das Ganze zu einem glatten Teig vermengen, in eine Klarsichtfolie einpacken und etwa 1 Stunde im Kühlschrank ruhen lassen.

Den Teig zu einer 3 mm dicken Wurst formen und in gleich lange Teile schneiden. Hauchdünn (75 mm) zu runden Plätzchen ausrollen, eventuell ausziehen. Die Plätzchen bei 170 Grad im schwimmenden Öl ausbacken und auf Küchenkrepp abtropfen lassen. Mit Puderzucker bestreuen.

Pro Portion: 88 kcal / 367 kJ

Schokoladen-Lebkuchen
40 Portionen

2 Eier
250 g Zucker
1 TL Vanillearoma
50 g Walnüsse
1 Prise Nelken (gemahlen)
1 TL Zimt
1 Pk Orangeback
5 Tr Bittermandelöl
50 g Rosinen
50 g Orangeat
1 TL Backpulver
100 g Haselnüsse (gemahlen)
100 g Mandeln (gemahlen)
40 Backoblaten (6 cm Durchmesser)
150 g Kuvertüre (halbbitter)
1 Pk Mandeln (gehackt)
20 Belegkirschen

Die Eier, den Zucker und das Vanillearoma cremig rühren. Gehackte Walnüsse, gemahlene Nelken, Zimt, Orangeback, Bittermandelöl, Rosinen, Orangeat, Backpulver, gemahlene Haselnüsse und gemahlene Mandeln unterrühren. Den Teig auf die Oblaten geben und die Lebkuchen im auf 200 Grad vorgeheizten Backofen etwa 25 Min. backen.

In der Zwischenzeit die Kuvertüre schmelzen lassen und die abgekühlten Lebkuchen damit überziehen. Zum Schluss mit gehackten Mandeln und mit je einer halben Belegkirsche verzieren.

Pro Portion: 114 kcal / 477 kJ

Edelkastanienplätzchen

50 Portionen

50 g Butter
1 Prise Salz
30 g Zucker
1 Ei
1 Pk Vanillepulver
200 g Edelkastanienpüree
50 g Mandeln (gerieben)
50 g Halbbitterschokolade
50 g Dinkelmehl
150 g Vollmilchschokolade

Zwei Tage Zubereitungszeit.

Zunächst die weiche Butter mit Salz, Zucker, Ei und Vanille in einer Schüssel mit dem Schneebesen schaumig rühren. Das Edelkastanienpüree und die geriebenen Mandeln beigeben und gut mischen. Die dunkle Schokolade in einer Schüssel im Wasserbad flüssig werden lassen und mit der Edelkastanienmasse mischen. Das Dinkelweißmehl beigeben. Alle Zutaten zu einem Teig mischen und zugedeckt über Nacht in den Kühlschrank stellen.

Am nächsten Tag den Teig auf einer bemehlten Arbeitsfläche etwa 5 mm dick ausrollen und mit Herzförmchen ausstechen. Anschließend auf Backtrennpapier setzen. Auf mittlerer Schiene im vorgeheizten Ofen bei 180 Grad etwa 10 Min. backen. Herausnehmen und auf einem Kuchengitter auskühlen lassen. Die Schokolade in einer Schüssel im Wasserbad flüssig werden lassen. Die Herzen zur Hälfte in die Schokoladenglasur eintauchen und auf einem Kuchengitter fest werden lassen.

Pro Portion: 45 kcal / 186 kJ

Gewürzkuchen

18 Portionen

125 g Margarine
125 g Diabetiker-Süße
2 Prisen Ingwer (gemahlen)
2 Prisen Nelken (gemahlen)
2 Prisen Muskat
1 TL Zimt (gemahlen)

2 Eier
175 g Weizenmehl
1 TL Backpulver
1 EL Milch (fettarm)
20 g Zartbitter-Schokolade

Die Margarine mit dem Mixer schaumig rühren. Nach und nach die Diabetiker-Süße, die Gewürze und die Eier hinzufügen. Das Mehl mit dem Backpulver mischen, sieben und abwechselnd mit der Milch auf niedrigster Stufe unterrühren. Zuletzt die Schokolade unter den Teig heben. Den Teig in eine gefettete Napfkuchenform geben und etwa 40 Min. bei 175 Grad backen.

Pro Portion: 117 kcal / 490 kJ

Gedeckte Apfeltorte

12 Stück

Teig

175 g Weizenmehl
1 Messerspitze Backpulver
20 g Fruchtzucker
1 Eiklar
1/2 Eigelb
50 g Margarine

Füllung

750 g geschälte, entkernte, säuerliche Äpfel
15 g Fruchtzucker
1/2 gestr. TL gemahlenen Zimt
15 g Spaltmandeln
1 EL Wasser

Zum Bestreichen

1/2 Eigelb
1 EL fettarme Milch

Das Mehl mit dem Backpulver in eine Rührschüssel sieben. Den Fruchtzucker, das Eiklar, das Eigelb und die weiche Margarine hinzufügen. Alle Zutaten mit dem Handrührgerät, mit Knethaken, schnell zu einem glatten Teig verkneten. Sollte der Teig kleben, ihn, in Pergamentpapier eingerollt, in den Kühlschrank legen.

Die Apfelstücke in feine Scheiben schneiden. Mit Fruchtzucker, Zimt, Spaltmandeln und Wasser zum Kochen bringen. Einige Minuten vorsichtig unter Rühren dünsten. In ein Sieb geben, gut abtropfen und erkalten lassen. Knapp die Hälfte des Teiges auf dem Boden einer gefetteten Springform (Ø 22 cm) ausrollen. Mehrmals mit einer Gabel einstechen und bei 200 Grad ca. 10 Min. vorbacken.

Die Hälfte des restlichen Teiges auf einer leicht bemehlten Unterlage zu einer gleichmäßigen Rolle formen. Die Rolle als Rand auf den vorgebackenen Boden legen, so an den Formenrand hochdrücken, dass ein etwa 3 cm hoher Rand entsteht. Die Apfelfüllung auf den Boden streichen.

Den Teigrest zu einer Platte in der gleichen Formengröße ausrollen. Diese auf die Apfelfüllung legen. Das Eigelb mit der Milch verschlagen und die Teigplatte damit bestreichen. Mit einer Gabel mehrmals einstechen. Kleine Teigreste zu Blüten und Blättern ausstechen und auf die Teigdecke legen, auch bepinseln. Bei 175 Grad ca. 25 Min. im Ofen backen.

Pro Portion: 141 kcal / 598 kJ

Himbeertorte
16 Stücke

650 g Himbeeren
180 g Zwieback
90 g Butter
10 g Fruchtzucker
10 ml Himbeergeist
2 Eiklar
250 g Sahne, 28% Fett
4 Blatt rote Gelatine
flüssiger Süßstoff

Den Zwieback in einen Gefrierbeutel füllen und mit einer Teigrolle fein zerstoßen. Eine Springform (Ø 24 Zentimeter) mit Pergamentpapier auslegen.

Die Zwiebackbrösel, die Butter, den Fruchtzucker und den Himbeergeist zu einem Teig kneten und anschließend gleichmäßig auf dem Boden der Springform verteilen und andrücken. Die Form kalt stellen.

Inzwischen die Gelatine für etwa 10 Min. in kaltem Wasser einweichen lassen. Dann 16 Himbeeren für die Dekoration aussortieren. Die Hälfte der restlichen Himbeeren durch ein Sieb streichen und anschließend mit dem Süßstoff abschmecken.

Die Gelatine gut ausdrücken, unter das Püree rühren und das Ganze ebenfalls kalt stellen. Sobald das Himbeerpüree zu gelieren beginnt, die Eiklar zu steifem Schnee und die Sahne ebenfalls steif schlagen. Beides anschließend unter das Püree heben und das Ganze noch einmal vorsichtig mit Süßstoff abschmecken.

Die zweite Hälfte der Himbeeren auf dem Teigboden verteilen und die Himbeer-Sahne-Creme darüber verteilen und glatt streichen. Die Himbeertorte für mindestens 4 Stunden in den Kühlschrank stellen und vor dem Servieren den Rand der Torte mit den 16 Himbeeren belegen.

Pro Stück: 153 kcal / 639 kJ

Hollerküchle
4 Portionen

14 Holunderblüten (frisch gepflückt)
250 g Mehl
0,1 l Wasser
1 Prise Salz
3 Eier

Mehl, Wasser und Salz verrühren. Die Eier darunter schlagen und eine halbe Stunde quellen lassen. Die frisch gepflückten Holunderblüten (ca. 1 cm Stiel dranlassen) in den Teig tauchen und in heißem Fett 2-3 Min. ausbacken.

Pro Portion: 123 kcal / 515 kJ

Käsekuchen
12 Stücke

1 unbehandelte Zitrone
4 Eier
500 g Schichtkäse (20 % Fett)
120 g Fruchtzucker
60 g Weizengrieß
75 g Butter oder Diätmargarine
1 Prise Salz

Die Zitrone heiß abspülen, trockenreiben, die Schale fein abreiben und den Saft auspressen. Eine Springform (26 cm Durchmesser) mit Backpapier auslegen. Den Backofen auf 175 Grad vorheizen.

Die Eier trennen. Schichtkäse, Eigelbe, 70 g Fruchtzucker, Zitronenschale, 3 EL Zitronensaft und Grieß mit dem Schneebesen oder mit den Quirlen des Handrührers verrühren. Das Fett bei schwacher Hitze schmelzen und unter die Käsemasse rühren. Das Eiweiß mit Meersalz und restlichem Fruchtzucker steif schlagen.

Ein Drittel des Eischnees unter die Käsecreme rühren. Den Rest unterheben. Die Käsemasse in die Form füllen und glatt streichen. Den Kuchen im Backofen 50-60 Min. backen, dabei eventuell zwischendurch mit Backpapier abdecken. Den Kuchen aus dem Ofen nehmen und auf einem Kuchengitter abkühlen lassen.

Pro Portion: 179 kcal / 748 kJ

Waffeln
6 Waffeln

50 g Diätmargarine
2 Eier
Salz
2 TL flüssiger Süßstoff
abgeriebene Schale einer unbehandelten Zitrone
120 g Mehl (Type 1050)
1/2 TL Backpulver
1/8 l Buttermilch
Fett für das Waffeleisen

Die Diätmargarine schaumig schlagen. Die Eier, das Salz, den Süßstoff und die Zitronenschale nacheinander hinzufügen. Das Mehl mit dem Backpulver mischen und über die Zutaten sieben. Die Buttermilch dazugießen und alles zu einem glatten Teig verrühren. Den Teig etwa 10 Min. ruhen lassen.

Inzwischen das Waffeleisen vorheizen. Das Waffeleisen einfetten, den Teig einfüllen, verstreichen und goldgelb backen. Der Teig reicht für etwa 6 Füllungen im Waffeleisen.

Pro Portion: 160 kcal

Kirsch-Vanille-Kuchen

8 Stücke

120 g Weizenmehl (z. B. der Type 1050)
30 g Butter oder Margarine
1 Prise Salz
1 Ei (Größe S)
450 ml Milch (1,5 % Fett)
1 Päckchen Puddingpulver "Vanille-Geschmack" mit Süßstoff
Fett für die Form
250 g entsteinte Sauerkirschen
100 g Schlagsahne
10 g geröstete Mandelblättchen

Mehl, kaltes Fett in Flöckchen, Salz und Ei zu einem glatten Mürbeteig verkneten. Zugedeckt ca. 1 Stunde kalt stellen.

4 EL Milch und Puddingpulver verrühren. Die restliche Milch aufkochen. Das Puddingpulver einrühren und aufkochen. Zugedeckt abkühlen lassen.

Den Teig in eine gefettete Springform (20 cm Ø) drücken und dabei einen ca. 3 cm hohen Rand formen. Im vorgeheizten Backofen bei 200 Grad ca. 15 Min. backen. Auskühlen lassen.

Die Kirschen, bis auf 2 EL, auf dem Mürbeteigboden verteilen. Den Pudding darauf glatt streichen. Ca. 1 Stunde kalt stellen. Die Sahne steif schlagen. Die Torte mit den Mandeln, der Sahne und den Kirschen verzieren.

Pro Portion: 200 kcal / 840 kJ

Kokos Plätzchen

30 Stück

65 g Butter
30 g Fruchtzucker
1 Ei
65 g Mehl
30 g Mondamin
1 TL Backpulver
50 g Kokosraspel

Aus den angegebenen Zutaten mit dem Handrührgerät einen Rührteig bereiten. Mit 2 TL 30 kleine Häufchen auf ein gefettetes oder mit Backpapier belegtes Blech setzen und backen. Etwa 10-12 Min. bei 180-200 Grad auf der 2. Schiebeleiste von unten.

Pro Stück: 43 kcal / 182 kJ

Mandelmakrönchen
90 Portionen

500 g Mandeln (ungeschält)
375 g Zucker
5 Eiweiß
90 Oblaten

Die Mandeln in eine Schüssel geben, mit kochendem Wasser übergießen und 3 Min. darin ziehen lassen. Die Mandeln dann in ein Sieb schütten, mit kaltem Wasser abbrausen und die lockere braune Haut von den Mandeln streifen. Die Mandeln zum Trocknen auf ein ausgebreitetes Küchentuch legen. Danach die Mandeln im Mixer mahlen und diese in einer Schüssel mit dem Zucker mischen.

Die Eiweiß zu steifem Schnee schlagen und unter die Mandelmasse heben. Die Backoblaten auf dem Backblech verteilen. Von der Makronenmasse mit einem feuchten TL kleine Häufchen abstechen und auf die Oblaten setzen.

Die Makronen im auf 140 Grad vorgeheizten Backofen auf mittlerer Schiene etwa 25-30 Min. mehr als trocken backen. Sie sollten hellbraun sein. Die Makrönchen vom Blech heben und auf einem Kuchengitter auskühlen lassen. Nun die Oblaten abziehen oder die Ränder so weit abbrechen, dass man sie nicht mehr sieht.

Pro Portion: 49 kcal / 207 kJ

Marmorkuchen
18 Stücke

100 g Margarine
80 g Diabetiker-Süße
2 Eier
175 g Weizenmehl
25 g Speisestärke
3 g Backpulver
1 EL Milch, fettarm (1)
10 g Kakao
1 TL Milch, fettarm (2)
15 g Mandeln, ohne Schale, gem.

Weiche Margarine schaumig rühren. Nach und nach Diabetiker-Süße und Eier hinzufügen. Das Mehl mit Speisestärke und Backpulver sieben und Esslöffelweise abwechselnd mit der Milch (1) unterrühren.

Gut die Hälfte des Teiges in eine gefettete und gesemmelte Napfkuchenform (Durchmesser 20 cm) geben. Den Teigrest mit dem gesiebten Kakao und der Milch (2) verrühren. Die Mandeln unterheben. Auf den hellen Teig geben und mit einer Gabel spiralförmig durch beide Teige ziehen. Backen.

Pro Portion: 114 kcal / 477 kJ

Maronentorte Castagnaccio

12 Portionen

300 g Maronenmehl
1/2 TL Salz
1 Prise Zucker
1/2 l Wasser
1 TL Olivenöl
50 g Walnüsse
50 g Pinienkerne
1 TL Rosmarin

Unter Rühren Wasser zu dem Maronemehl zugeben, bis ein geschmeidiger Teig entsteht. Das Öl und die grob gehackten Nüsse untermischen. Den Teig in eine geölte Tarteform geben, mit Rosmarin bestreuen und mit etwas Öl beträufeln. Im vorgeheizten Ofen bei 200 Grad 25 Min. backen. Mit dem Rosmarin und den Pinienkernen.

Pro Portion: 101 kcal / 422 kJ

Müsli-Plätzchen

40 Plätzchen

80 g Diabetiker-Süße
1 Ei
1 Prise Salz
6 EL Schlagsahne
2 EL Milch, fettarm
200 g Weizenmehl
1 gestrichenen EL Zimt, gemahlen
1 Prise Kardamom
1 Orange, die Schale davon
35 g Haselnüsse, gemahlen
15 g Haferflocken
15 g Sesamsamen
20 g Diät-Zartbitter-Schokolade
5 g Kokosfett

Die Diabetiker-Süße mit Ei schaumig schlagen. Die Sahne und die Milch zugeben. Mit dem gesiebtem Mehl und den Gewürzen vermischen.

Die gemahlenen Haselnüsse, die Haferflocken und den Sesamsamen unterrühren. Etwa 1 Stunde kühlen. Daraus mit bemehlten Händen Kügelchen formen und nicht zu dicht auf ein mit Backpapier belegtes Backblech legen. Mit einer Gabel etwas flach drücken. Bei 175-200 Grad backen.

Die Schokolade mit Kokosfett im Wasserbad auflösen und die erkalteten Plätzchen damit verzieren.

Pro Portion: 39 kcal / 163 kJ

Nussplätzchen
50 Portionen

300 g Butter
100 g Zucker
1 Vanilleschote
50 g Haselnüsse
50 g Mandeln
50 g Paranüsse
50 g Cashewkerne
350 g Mehl
2 TL Backpulver
50 Walnusshälften
1 Eiweiß

Das Fett, den Zucker und das Vanillemark so lange schaumig rühren, bis der Zucker gelöst ist.

Die Nüsse in einer Küchenmaschine fein mahlen. Das Backpulver, die Nüsse und das Mehl unterarbeiten. Aus der Masse mit den Händen Kugeln formen, etwas andrücken und jeweils eine Walnusshälfte darauf setzen. Das Eiweiß leicht verschlagen und die Plätzchen damit einstreichen. Im vorgeheizten Backofen bei 175 Grad etwa 15 Min. backen.

Pro Portion: 167 kcal / 700 kJ

Chnöiblätze (Fastnachküchlein)
16 Portionen

400 g Mehl
3 Eier
60 g Butterschmalz
20 g Zucker
3 EL Puderzucker (zum Bestäuben)
20 g Sahne
2 EL Kirschwasser

In einer Schüssel das Mehl zu einem Ring formen. Die restlichen Zutaten gut verrühren und in die Mitte des Mehlringes geben. Das Ganze zu einem glatten Teig vermengen, in eine Klarsichtfolie einpacken und etwa eine Stunde im Kühlschrank ruhen lassen.

Den Teig zu einer 3 mm dicken Wurst formen und in gleich lange Teile schneiden. Hauchdünn (75 mm) zu runden Plätzchen ausrollen, eventuell ausziehen.

Die Plätzchen bei 170 Grad im schwimmenden Öl ausbacken und auf Küchenkrepp abtropfen lassen. Mit Puderzucker bestreuen.

Pro Portion: 88 kcal / 367 kJ

Obsttörtchen

12 Portionen

150 g Weizenmehl
1 Pk Tortenguss (klar)
2 Prisen Backpulver
60 g Margarine (weich)
40 g Fruchtzucker
1/2 Eier
1 Zitrone (ungespritzt)
1 Prise Salz
200 g Himbeeren
100 g Kiwis
250 ml Wasser
10 g Fruchtzucker

Das Mehl mit dem Backpulver in eine Schüssel sieben. Die übrige Zutaten zugeben und mit dem Handrührgerät, mit Knethaken, zu einem glatten Teig verkneten. Sollte er kleben, ihn eine Weile kühlen.

Den Teig dünn ausrollen und damit gut ausgefettete, kleine Tortelettförmchen auslegen. Mit einer Gabel mehrmals einstechen. 15 Min. bei 175-200 Grad backen. Sofort nach dem Backen vorsichtig aus den Förmchen stürzen und erkalten lassen.

Die Himbeeren verlesen. Die Kiwi schälen und in Scheiben schneiden. Die Früchte auf Törtchen verteilen. Den Tortenguss mit Wasser und Fruchtzucker verrühren. Zum Kochen bringen und über die Früchte verteilen.

Pro Portion: 117 kcal / 490 kJ

Marzipankartoffeln

30 Stück

300 g geschälte Mandeln, feingemahlen
2 Eiweiß
20 g Streusüße oder Zucker
2 TL Rum
2 TL Kirschwasser
Kakaopulver
Papierrosetten

Die Mandeln, das Eiweiß und die Süße in einer Schüssel mit dem Knethaken des Handrührgerätes zu einer Marzipanmasse verkneten. Eine Hälfte des Marzipans mit Rum, die andere Hälfte mit Kirschwasser aromatisieren. Jeweils in etwa 10 g schwere Portionen teilen, diese zu Kugeln formen und in Kakaopulver wenden. Auf eine Papierrosette setzen.

Pro Stück: 66 kcal / 277 kJ

Quark-Mandel-Stollen

50 g ganze Mandeln mit Haut
20 g getrocknete Aprikosen
200 g etwas Mehl
1/2 Pck. Backpulver
75 g gemahlene Mandeln
1 Ei
1 Prise Salz
1/2 Fläschchen Butter-Vanille-Aroma
75 g + 12 g Diabetikersüße
100 g weiche Butter oder Margarine
125 g Magerquark
Backpapier

Ganze Mandeln grob hacken. Die Aprikosen fein würfeln. 200 g Mehl, Backpulver und gemahlene Mandeln mischen. Ei, Salz, Aroma, 75 g Diabetikersüße, Fett in Flöckchen und Quark zufügen. Alles mit den Knethaken des Handrührgerätes zu einem glatten Teig verarbeiten. Die gehackten Mandeln, bis auf 1 TL und die Aprikosen unterkneten.

Den Teig auf wenig Mehl zu einem Stollen formen. Auf ein mit Backpapier ausgelegtes Backblech legen. Im vorgeheizten Ofen bei 200 Grad ca. 10 Min. vorbacken. Dann bei 175 Grad 35-40 Min. fertig backen.

Den Stollen auskühlen lassen. Mit 12 g Diabetikersüße bestäuben und mit denrestlichen Mandeln bestreuen.

Pro Scheibe: 140 kcal

Teepralinen
30 Portionen

250 g Zartbitter-Schokolade
125 ml Schlagsahne
2 EL Assam-Tee
1/2 TL Ingwerpulver
50 g Butter (weich)

Die Schokolade klein schneiden. Die Sahne zusammen mit Assam-Tee und Ingwerpulver aufkochen und durch ein Sieb gießen. Nun die Schokolade in der Flüssigkeit schmelzen. Etwa 2 Stunden abkühlen lassen. Die Butter in kleinen Flöckchen über der Tee-Schokoladenmasse verteilen und mit einem Quirl cremig aufschlagen. In einen Spritzbeutel mit Sterntülle füllen und kleine Rosetten in Förmchen spritzen.

Pro Portion: 66 kcal / 276 kJ

Saftiger Orangenkuchen

16 Stücke

100 g weiche Margarine
50 g Fruchtzucker
2 Eier
Schale einer halben Orange
125 g Weizenmehl
50 g Speisestärke
1 TL Backpulver, gestrichen
2 EL Zitronensaft
100 ml Orangensaft, frisch gepresst
Orangenschale, geraspelt

Die Margarine schaumig rühren. Nach und nach den Fruchtzucker, die Eier und die Orangenschale hinzufügen. Das Mehl, die Speisestärke und das Backpulver sieben. Esslöffelweise abwechselnd mit Zitronensaft unterrühren. Den Teig in eine kleine gefettete Napfkuchenform (22 cm Ø) füllen. Im Ofen bei 175 Grad backen.

Den heißen Kuchen mit einem Holzspieß mehrmals einstechen, mit Orangensaft beträufeln und Orangenschale verzieren.

Pro Portion: 110 kcal / 462 kJ

Schmalz-Plätzchen

60 Portionen

350 g Mehl
150 g Schweineschmalz
50 g Butterschmalz
150 g Zucker
1 Ei
1 TL Zimt
1 Prise Ingwer
1 Prise Muskat
100 g Blockschokolade

Das Mehl auf die Arbeitsfläche sieben. Eine Mulde eindrücken. Kaltes Schweineschmalz und Butterschmalz darauf setzen und alles mit einem Messer durchhacken. Den Zucker, das Ei und die Gewürze zufügen und alles zu einem glatten Teig verarbeiten. In Folie gewickelt 30 Min. kalt stellen.

Den Teig auf eine bemehlte Fläche ausrollen und in kleine Quadrate – ca. 4x4 cm - schneiden. Auf ein gefettetes und bemehltes Blech legen und im vorgeheizten Ofen bei 170 Grad ca. 15 Min. goldbraun backen.

Die Plätzchen auskühlen lassen. Die Blockschokolade im Wasserbad schmelzen und die Plätzchen mit einer Ecke eintauchen. Auf einem Gitter trocknen lassen.

Pro Portion: 70 kcal / 294 kJ

Schokoplätzchen
60 Portionen

1 TL Natron
1 TL Salz
250 g Mehl
190 g Zucker
135 g Zucker (braun)
250 g Butter (weich)
3 Tr Vanillearoma
2 Eier
60 g Walnüsse
350 g Zartbitter-Schokolade
45 g Kokosraspeln
100 g Rosinen

Natron, Salz und Mehl in einer Schüssel miteinander vermischen. In einer zweiten Schüssel Zucker, braunen Zucker, Butter und Vanillearoma mit dem Mixer schaumig schlagen. Die Eier nach und nach zugeben. Nun die Mehlmischung hinein geben und die gehackten Walnüsse, die gehackte Zartbitter-Schokolade, die Kokosraspeln und die Rosinen vorsichtig unterheben.

Den Teig Esslöffelweise auf ein nicht gefettetes Backblech setzen und das Ganze im auf 190 Grad vorgeheizten Ofen etwa 10 Min. backen. Auf einem Kuchengitter abkühlen lassen.

Pro Portion: 115 kcal / 480 kJ

Spekulatius
25 Portionen

180 g Butter
200 g Zucker
1 Pk Vanillinzucker
2 Eier
1 Pk Spekulatius-Gewürz
1 Fl Bittermandelöl
1 Pk Citroback

1 Prise Salz
1 Prise Anis
1 Prise Zimt
1 Prise Nelkenpulver
1 EL Rum
450 g Mehl
40 g Speisestärke

Zubereitungszeit beträgt zwei Tage. Die Butter, den Zucker und den Vanillinzucker mit dem Handrührgerät schaumig schlagen. Die Eier, die Gewürze und den Rum unterrühren. Das Mehl und die Speisestärke mischen und ebenfalls zugeben. Mit den Händen zu einem glatten Teig kneten. Am besten über Nacht abgedeckt kühl stellen.

Den Teig auf bemehlter Arbeitsflächen ausrollen. Eine Spekulatiusform mit Mehl bestäuben. Den Teig hineindrücken und den überstehenden Teig glatt abschneiden. Anschließend den Spekulatius auf ein mit Backpapier ausgelegtes Backblech stürzen. Im vorgeheizten Backofen bei 175 Grad etwa 20 Min. backen.
Pro Portion: 177 kcal / 739 kJ

Windbeutel mit Mocca-Sahne

18 Stück

Brandteig

70 g Butter oder Diätmargarine
2 Prisen Salz
75 g Weizenmehl
75 g feines Weizenvollkornmehl
4 Eier
40 g Mocca-Creme-Schokolade zum Verzieren
1 TL Sonnenblumenöl

Mokkasahne

250 g Sahne
2 TL Instant-Espressopulver
1 Messerspitze Johannisbrotkernmehl
flüssige Süßkraft
1-2 TL Kakao zum Bestreuen

Für den Teig 1/4 Liter Wasser mit Fett und Meersalz aufkochen. Das Mehl dazugeben und mit einem Holzlöffel rühren, bis sich der Teig als Kloß vom Topfboden löst und ein weißer Belag auf dem Boden zu sehen ist. Den Topf von der Kochstelle nehmen, 1 Ei unterrühren und abkühlen lassen. Nacheinander die restlichen Eier unterrühren.

Ein Backblech mit Backpapier auslegen. Den Backofen auf 200 Grad vorheizen. Mit einem Spritzbeutel mit großer Sterntülle 12 Tupfen auf das Blech spritzen und etwa 25 Min. backen. Die Windbeutel mit einer Küchenschere auseinanderschneiden und ganz abkühlen lassen.

Die Schokolade in eine Schüssel bröckeln und mit dem Öl im warmen Wasserbad schmelzen. In einen kleinen Gefrierbeutel geben und an einer Seite eine kleine Ecke abschneiden. Die Schokolade über die oberen Windbeutelhälften gießen und fest werden lassen.

Die Sahne mit dem Espressopulver und dem Johannisbrotkernmehl steif schlagen. Mit flüssiger Süßkraft abschmecken. Mit einem Spritzbeutel in die unteren Hälften spritzen. Die Deckel darauf setzen und dünn mit Kakao bestreuen.

Pro Portion: 143 kcal / 598 kJ

Zitronenherzen

12 Stück

1 Ei
35 g Fruchtzucker
1/2 TL flüssiger Süßstoff
30 g Zitronensaft (2 EL)
100 g gemahlene Mandeln
20 g Weizenkleie
1/2 Vanillemark
1 Messerspitze Backpulver
2 g Nestargel

Für die Garnitur

1 Eiweiß
10 g Fruchtzucker (oder etwas Haushaltszucker)
2 TL Zitronensaft
1 g Nestargel

Das Ei und den Fruchtzucker in eine Schüssel geben und schaumig rühren. Zitronensaft, Mandeln, Süßstoff, Weizenkleie, Backpulver und Nestargel zur Eimasse geben und gut vermengen, bis ein fester Teig entsteht. Etwa eine 3/4 Stunde kühl stellen.

Den Teig zwischen Folie oder Pergamentpapier geben und zunächst per Hand zu einer ausrollbaren Fläche formen. Danach ca. 1/2 cm dick ausrollen, kleine Herzen (ca. 3,5 cm) ausstechen und mit dem Messer auf ein mit Backpapier ausgelegtes Backblech setzen.

Wenn der ganze Teig zu Herzen verarbeitet ist, das Eiweiß steif schlagen. Im Wechsel unter weiterem Schlagen Fruchtzucker und Zitronensaft hinzufügen und zum Schluss das Nestargel. Die Garnitur auf die Herzen setzen und leicht verstreichen.

Im vorgeheizten Backofen auf mittlerer Schiene bei 175 Grad etwa 10-15 Min. backen.

Pro Stück (bei Zubereitung mit Süßstoff): 82 kcal / 344 kJ

Joghurt-Torte

Boden

200 g zuckerarme Cornflakes
3 EL Diätmargarine

Belag

12 Blatt weiße Gelatine
4 EL Zitronensaft
800 g Magerjoghurt
2 EL flüssiger Süßstoff
1 TL abgeriebene Zitronenschale
2 Eiweiß
600 g frische oder TK- Beeren

Guss

3 Blatt Gelatine
1 TL Süßstoff
225 ml ungesüßter klarer Obstsaft

Den Boden einer 26er Springform mit Backpapier auslegen. Die Cornflakes mit der Margarine vermengen und in die Form geben - etwas andrücken.

Die Gelatine in reichlich kalten Wasser etwa 3 Min. einweichen und abtropfen lassen. Diese zusammen mit dem Zitronensaft in einem Tiegel schmelzen. Den Joghurt mit Süßstoff und der Zitronenschale vermischen. Das Eiweiß steif schlagen. Die Gelatine unter ständigem Rühren unter den Joghurt geben und den Eischnee unterheben. Auf dem Tortenboden verteilen und glatt streichen. Die Springform mit Alufolie bedecken und in den Kühlschrank stellen, bis die Creme etwas fest ist.

Die Beeren auf der Torte verteilen. TK- Beeren nicht auftauen. Für den Guss die Gelatine einweichen, ausdrücken und mit dem Süßstoff im Obstsaft auflösen. Etwas stocken lassen und über den Beeren verteilen.

Pro Stück: 141 kcal / 592 kJ

Aprikosen-Buttermilch-Sorbet
4 Portionen

8 Aprikosen
250 g Buttermilch
2 EL Zitronensaft
10 Bl Minze
75 g Zucker

Die Aprikosen blanchieren, häuten, halbieren und entkernen. Die Buttermilch, den Zucker und den Zitronensaft zugeben und alles pürieren. Die Pfefferminze fein hacken und unterrühren.

In eine metallische Schüssel füllen und etwa 2 Stunden ins Gefrierfach stellen. Alle 30 Min. kräftig durchrühren, um das Sorbet cremiger zu machen.

Pro Portion: 149 kcal / 624 kJ

Beerenfrüchteeis
2 Portionen

170 g Kondensmilch (7,5% Fett)
400 g Erdbeeren oder andere Beeren
Zitronensaft
Vanillemark
Süßstoff oder Zucker nach Geschmack

Die Kondensmilch muss einige Stunden gut durchgekühlt sein. Mit dem Rührgerät auf höchster Stufe schaumig schlagen. Die Früchte waschen, putzen und durch ein Sieb streichen. Vorsichtig unter die ausgeschlagene Kondensmilch geben und mit Zitrone, Vanillemark, Zucker oder Süßstoff abschmecken. Einfrieren, während des Festwerdens mehrfach umrühren.

Pro Portion: 170 Kcal

Bratapfel
1 Person

1 Apfel
1 TL Margarine
1 TL Honig
Zimt
2 TL kalorienreduzierte Himbeermarmelade

Den Apfel ausstechen. Dabei möglichst nicht ganz durchstechen sondern am Boden des Apfels einige Millimeter Frucht intakt lassen. Nun den Apfel mit den übrigen Zutaten füllen und im Backofen backen. Backzeit etwa 20-30 Min. bei 180 Grad.
Pro Portion: 110 kcal

Brombeer-Orangen-Sauce

6 Portionen

125 ml Orangensaft
250 g Brombeeren
2 EL Speisestärke

75 ml Portwein
1 Prise Ingwer gemahlen
2 EL Zucker

Die Stärke mit Orangensaft anrühren. Den Portwein und den Zucker hinzufügen, verrühren und abgedeckt 3-4 Min. bei 700 Watt zum Kochen bringen. Durchrühren und mit Ingwer abschmecken.

Die Brombeeren verlesen, vorsichtig waschen, hinzufügen und abgedeckt 2-3 Minuten bei 700 Watt garen. Vorsichtig umrühren, mit Ingwer und Zucker abschmecken und erkalten lassen.

Pro Portion: 90 kcal / 375 kJ

Brombeersorbet

4 Portionen

200 g frische oder TK-Brombeeren
2 EL Zitronensaft
3 EL Honig
250 ml trockener Sekt

1 Ei
Crème de Cassis
Minze zum Garnieren

Die Brombeeren waschen, abtropfen lassen bzw. auftauen und pürieren. Das Püree durch ein Sieb streichen und mit dem Zitronensaft, dem Honig, dem Sekt und dem Crème de Cassis verrühren.

Für ca. 4 Stunden ins Gefrierfach stellen und fest werden lassen. Das Sorbet alle 10 Min. mit einem Schneebesen durchrühren. Das Sorbet in gekühlten Gläsern anrichten, mit Minze garnieren und sofort servieren.

Pro Portion: 129 kcal / 541 KJ

Zitruscocktail

1 Grapefruit
2 Orangen
8 Zitronenmelissenblätter
2 Limonen

5 dl Buttermilch
8 EL Süßpulver
1 Limone Zitronenmelissenblätter

Die Grapefruit und die Orangen schälen, dabei auch die weiße Haut entfernen. Die Früchte zusammen mit den Melissenblättern, der abgeriebenen Schale von beiden Limonen, dem Saft von einer Limone, der Buttermilch und dem Assugrin pürieren. Danach sieben. Kalt servieren. Die Gläser mit je einer Limonenscheibe und Melissenblättern garnieren.
Pro Portion: 64 kcal

Buttermilch-Erdbeer-Mousse

2 Personen

1/2 Bund frische Pfefferminze
Mark von 1 Vanilleschote
1/8 l Buttermilch
2 Blatt weiße Gelatine
50 g Dickmilch (1,5 % Fett)
flüssiger Süßstoff
1 Eiweiß
120 g Erdbeeren

2 Pfefferminzblätter zum Garnieren beiseite legen. Die restlichen Minzeblätter fein hacken. Zusammen mit dem Vanillemark in die Buttermilch geben und 20 Min. ziehen lassen.

Die Gelatine in kaltem Wasser quellen lassen. Die Buttermilch durch ein feines Sieb gießen und 3 EL davon leicht erwärmen. Die ausgedrückte Gelatine darin auflösen. Die Dickmilch, den flüssigen Süßstoff und die übrige Buttermilch dazurühren.

Die Masse im kalten Wasserbad abkühlen lassen, dabei mehrmals umrühren. Wenn die Creme zu stocken beginnt, das Eiweiß sehr steif schlagen und unter die Creme ziehen. Die Creme in kalt ausgespülte Förmchen füllen und im Kühlschrank mindestens 2 Stunden kühlen.

Die Erdbeeren putzen, klein schneiden und im Mixer pürieren. Das Erdbeerpüree mit etwas flüssigem Süßstoff süßen und auf den Tellern verteilen. Die Buttermilchmousse aus den Förmchen auf die Sauce stürzen und mit den Pfefferminzspitzen garnieren.

Pro Portion: ca. 168 kcal / 284 kJ

Gepfefferte Melone

4 Personen

3/4 TL frisch gemahlener schwarzer Pfeffer
1 1/2 TL ganz fein gehackte Minze-Blätter
6 Tassen Wassermelonenfleisch, in Würfel geschnitten
frische Minzeblätter für die Dekoration

Den Pfeffer mit der gehackten Minze mischen. Die Melonenwürfel in eine Schüssel geben und mit der Würze versetzen. Vorsichtig etwas mischen. Im Kühlschrank gut vorkühlen und dann in Servierportionen teilen. Nach Geschmack mit den frischen Minzeblätter verzieren.

Pro Portion: ca. 75 Kcal

Crêpes Soufflé

4 Portionen

250 g Erdbeeren (frisch)
1/2 Zitrone (Saft)
1 EL Zucker (zum Zuckern der Erdbeeren)
2 Eigelb
2 EL Zucker
1 EL Rum
2 Eiweiß
1 Prise Salz

Crêpes goldbraun ausbacken. Warmstellen.

Die Erdbeeren mit Zitronensaft beträufeln, anschließend Zucker darüber streuen. Für die Soufflémasse die Eigelb mit dem Zucker so lange rühren, bis die Masse hell ist. Den Rum zugeben. Eiweiß und Salz zusammen steif schlagen. Den Zucker zugeben und kurz weiterschlagen. Alles sorgfältig unter die Eigelbmasse ziehen. Die Erdbeeren darunter mischen. Auf die Crêpes verteilen, aufrollen und in eine gefettete Form legen.

Auf mittlerer Schiene des vorgeheizten Backofens etwa 5 Min. bei 250 Grad gratinieren.

Pro Portion: 93 kcal / 391 kJ

Crêpes (Grundrezept)

12 Portionen

250 g Weizenmehl
50 g Butter
200 ml Milch
250 ml Wasser (oder Bouillon)
2 Eier
1 Prise Salz

Mehl, Salz, Eier und Milch verrühren, nach und nach Flüssigkeit und zerlassene Butter zufügen. Den Teig eine halbe Stunde kühl stellen.

Den Teig mit einem kleinen Soßenlöffel (Fassungsvermögen etwa 4 EL) in die heiße, ganz leicht gefettete Pfanne (möglichst mit flachem Rand) geben. Den Teig durch vorsichtiges Schwenken gleichmäßig verteilen oder mit einem Crêpe-Schieber kreisförmig verstreichen.

Die Crêpe bei mäßiger Temperatur backen, sie sollte nicht zu dunkel werden. Sobald die Oberfläche trocken ist und sich die Ränder von der Pfanne lösen, kann die Crêpe gewendet werden. Während des Fertigbackens die Pfanne mehrmals rütteln. Die fertigen Crêpes bis zum Füllen im warmen Ofen (80 Grad) aufbewahren.
Pro Portion: 77 kcal / 321 kJ

Dörrobst-Spieße

4 Portionen

2 EL Zitronensaft (frisch)
1 EL Öl
1/2 l Wasser
400 g Trockenobst

Das Trockenobst zunächst eine Stunde in Wasser zum Quellen einweichen und anschließend gut trocken tupfen. Die getrockneten Stücke auf 4 Spieße stecken und mit Zitronensaft beträufeln.

Während des Grillens das Obst mit etwas Öl bestreichen und die Spieße mehrmals wenden.

Pro Portion: 29 kcal / 123 kJ

Eclairs mit Himbeerquark

10 Stück

4 Blatt weiße Gelatine
170 g verlesene Himbeeren
84 g Diabetikersüße
3 EL Zitronensaft
500 g Speisequark
60 g Butter oder Margarine
1 Prise Salz
105 g Mehl
4 Eier

Die Gelatine einweichen. 85 g Himbeeren und 72 g Diabetikersüße durch ein Sieb streichen. Den Zitronensaft erhitzen. Die Gelatine ausdrücken und darin auflösen. Etwas Quark mit Gelatine verrühren und in den übrigen Quark rühren. Ca. 1 Stunde kühlen.

100 ml Wasser, Fett und Salz aufkochen. Das Mehl zufügen und solange rühren, bis sich auf dem Topfboden ein dünner Belag gebildet hat. Den Teig etwas abkühlen lassen. Erst 1 Ei unterrühren, dann die übrigen Eier unterrühren.

Den Teig in einen Spritzbeutel füllen und auf ein mit Backpapier ausgelegtes Backblech 10 ca. 5 cm lange Streifen spritzen. Im vorgeheizten Ofen bei 225 Grad 20-25 Min. backen. Herausnehmen und heiß aufschneiden. Auskühlen lassen.

Die Creme in einen Spritzbeutel füllen. Die Eclairböden damit füllen. Die Deckel aufsetzen. Mit den restlichen Himbeeren und der Streusüße verzieren.

Pro Portion: 190 kcal

Erdbeer-Rhabarber-Grütze

4 Portionen

500 g Rhabarber
500 g Erdbeeren
2 EL Gelee (schwarzes Johannisbeergelee)
4 EL Wein, rot
2 EL Speisestärke
1 EL Zucker

Den Rhabarber und die Erdbeeren waschen und putzen. Den Rhabarber evtl. abziehen und in Stücke schneiden. Die großen Erdbeeren halbieren.

Den Johannisbeergelee in einem Topf schmelzen lassen. Den Rhabarber, die Hälfte der Erdbeeren, Zucker und 1 EL Rotwein dazugeben. Zugedeckt köcheln lassen.

Wenn der Rhabarber weich ist, die Stärke mit 3 EL Rotwein glatt rühren, zu den Früchten geben und nochmals aufkochen lassen. Die restlichen Erdbeeren zugeben und die Grütze kalt stellen. Dazu schmeckt Vanillesauce.

Pro Portion: 120 kcal / 504 kJ

Erdbeerschaum

4 Portionen

500 g Erdbeeren
200 g Puderzucker
100 ml Orangensaft
3 Eiweiß
100 ml Sahne
2 TL Sahnesteif
2 EL Walnüsse (gehackt)

Die Erdbeeren kalt abbrausen, abtropfen lassen und trocken tupfen. Den Blütenansatz entfernen. Die Früchte klein schneiden. Die Hälfte davon in eine Schüssel geben, Puderzucker darüber sieben und den Orangensaft zufügen. Alles mit dem Mixstab fein pürieren.

Das Eiweiß steif schlagen und unter das Püree heben. Die Sahne mit dem Sahnesteif ebenfalls steif schlagen und unter die Eimasse heben. Die restlichen Erdbeeren zusammen mit den gehackten Walnüssen locker untermischen.

Pro Portion: 179 kcal / 749 kJ

Erdbeer-Sülze

6 Portionen

1 Pk Vanillesoßenpulver
1/2 l Milch
6 Bl Gelatine
1 Eigelb
5 EL Rum
1 Eiweiß (steifgeschlagen)
250 g Erdbeeren

Aus der Milch und dem Saucenpulver stellt man eine Vanillesauce her und gibt das Eidotter, den Rum und die aufgelöste Gelatine dazu. Man verrührt alles gut und mischt die Erdbeeren darunter. Die Masse wird in eine mit Wasser ausgespülte Form gegossen und nach dem Erstarren gestürzt. Nun verziert man die Sülze mit gesüßtem Eischnee und einigen Erdbeeren. Die Sülze sollte sehr gut gekühlt serviert werden.

Pro Portion: 103 kcal / 434 kJ

Feine Tofucreme

4 Portionen

300 g Tofu
2 Knoblauchzehen
100 g Sahne
3 EL geriebener Bergkäse
1 EL Zitronensaft
Salz
Cayennepfeffer
3 EL gehackte Petersilie

Den Tofu mit den geschälten Knoblauchzehen und der Sahne pürieren. Den Käse, den Zitronensaft, Salz, Cayennepfeffer und die Petersilie darunter mischen.

Pro Portion: 190 kcal / 780 kJ

Früchte-Joghurt

200 g Joghurt
1 kleine Banane
1 Apfel
1 Birne
1 TL Honig

Die Früchte in kleine Stücke schneiden und mit dem Joghurt und dem Honig vermischen.
Pro Portion: 170 Kcal

Früchtekorb mit Kokos-Joghurt-Sauce
4 Portionen

50 g Yufka- oder Fillo-Teig (aus dem Kühlregal, aus türkischen Lebensmittelläden)
2 Kiwis
1/2 Papaya
1 Mango
2 Feigen
2 EL Zitronensaft
1/2 TL Honig
100 g Kokosjoghurt (3,5 % Fett)
3 EL Milch (1,5 % Fett)
einige Minzeblättchen

Den Elektro-Ofen auf 175 Grad vorheizen. Den Teig auseinander falten und 4 Kreise (ca. 16 cm Ø) ausschneiden. Jeden Kreis in ein ofenfestes Schälchen (ca. 15 cm Ø) legen. Den überstehenden Rand wellig formen und ein kleineres Förmchen zum Beschweren hineinstellen. Im Ofen (Gas: Stufe 2) etwa 15 Min. backen. Auskühlen lassen und herausnehmen.

Die Kiwis, die Papaya und die Mango schälen. Die Papaya entkernen, die Feigen waschen und die Mango vom Stein schneiden. Die Früchte klein schneiden und mit Zitronensaft und Honig mischen. Den Joghurt mit der Milch schaumig rühren. Kurz vorm Servieren die Früchte in die Körbchen füllen. Mit Joghurtsauce und Minze verzieren.

Pro Portion: 155 kcal / 650 kJ

Gefüllte Birnen
4 Portionen

4 Birnen
4 TL Zitronensaft (frisch)
1 Blauschimmelkäse (als Frischkäse)
1 Schb Toastbrot
1 Ei
2 EL Haselnüsse

Die Birnen zunächst waschen, schälen und halbieren. Das Kerngehäuse entfernen und die Birnenhälften mit Zitronensaft beträufeln.

Den Käse entrinden und in kleine Stücke schneiden. Anschließend das Toastbrot fein zerzupfen. Den Käse, das Brot und das Ei in einer Schüssel verrühren. Die Käsecreme in die Birnenhälften füllen und in eine feuerfeste Form geben. Das Ganze wird noch mit Haselnussblättchen bestreut und kommt für 20 Min. in den vorgeheizten Backofen bei etwa 200 Grad.

Die warmen Birnenhälften mit Rucolasalat servieren.
Pro Portion: 73 kcal / 305 kJ

Gefüllte Orangen
4 Portionen

2 Orangen
2 Eiweiß
100 g Puderzucker
200 g Vanilleeis

Die gut gewaschenen Orangen halbieren und das Fruchtfleisch heraus lösen und in Schnitze schneiden.

Aus Eiweiß und Puderzucker einen steifen Eischnee herstellen und diesen in einen Spritzbeutel mit Sterntülle füllen.

In jede Orangenhälfte 1 EL Vanilleeis füllen. Das vorbereitete Fruchtfleisch darauf verteilen und das restliche Vanilleeis oben auf setzen. Zum Schluss mit dem Eischnee bedecken und im auf 200 Grad vorgeheizten Backofen auf unterster Schiene kurz bräunen.

Pro Portion: 187 kcal / 783 kJ

Grapefruit-Sorbet
8 Portionen

3 rosa Grapefruits
120 g Zucker
1/8 l Tequila
1 Msp. abgeriebene Zitronenschale (unbehandelt)
3 Eiweiße
8 Minzeblätter zum Garnieren

Die Grapefruits halbieren. Von einer Grapefruit 2 dünne Scheiben abschneiden. Jede Scheibe in 4 Stücke teilen und die Viertel für die Garnitur abgedeckt kalt stellen. Den Grapefruitsaft auspressen und 400 ml Saft abmessen. 100 g Zucker mit etwas Saft auflösen, mit dem übrigem Saft, Tequila und Zitronenschale vermischen. In eine flache Schale geben, etwa 2 Stunden anfrieren lassen.

Die Eiweiße mit dem restlichem Zucker zu steifem Schnee schlagen und unter die angefrorene Flüssigkeit heben. Über Nacht wieder in den Gefrierschrank stellen.

Das Sorbet aus dem Gefrierschrank nehmen und zu großen, dekorativen Kugeln formen. Wieder ins Gefriergerät stellen.

Die Sorbet-Kugeln in Gläser geben, mit je 1 Grapefruitstück und 1 Minzeblatt dekorieren.

Pro Portion: 145 kcal / 610 kJ

Grapefruit-Spieße

8 Portionen

3 Grapefruits
1 Avocado
100 g Butterkäse
50 g Walnusshälften

Die Grapefruit schälen und die weiße Haut entfernen. Anschließend die Grapefruit halbieren und dann in Scheiben schneiden.

Die Avocados schälen und in Stücke schneiden. Den Käse in Würfel schneiden. Nun immer abwechselnd Grapefruit- und Avocadostückchen auf 4 Spieße stecken. Auf die übrigen 4 Spieße immer abwechselnd Grapefruit, Käsewürfel und Nusshälften stecken.

Pro Portion: 174 kcal / 727 kJ

Herbstlicher Obstsalat

2 Personen

1 Apfel
1 Birne
1 TL Zitronensaft
75 g helle Weintrauben
125 g Pflaumen
1 EL Walnusskerne
Saft von 1/2 Orange
flüssiger Süßstoff

Den Apfel und die Birne entkernen und in Spalten schneiden. Diese mit Zitronensaft beträufeln. Die Weintrauben halbieren und eventuell entkernen. Die Pflaumen halbieren und entsteinen. Das vorbereitete Obst in eine Schüssel geben. Die Walnusskerne grob hacken. Den Orangensaft mit dem Obst mischen. Den Obstsalat mit Süßstoff abschmecken und mit den Walnüssen bestreuen.

Pro Portion: ca. 170 kcal

Joghurt mit Stachelbeeren und Kiwi

150 g Joghurt
50 g Stachelbeeren
1 Kiwi
1 Tl Honig

Die Kiwi schälen und dann zusammen mit den Stachelbeeren klein schneiden. Mit dem Joghurt und dem Honig verrühren.
Pro Portion: 140 kcal

Leichtes Erdbeerdessert

4 Portionen

500 g Erdbeeren
5 EL Zucker
1 Zitrone (ausgepresst)
2 Bch Joghurt (fettarm)
6 EL Milch
1 Bund Zitronenmelisse

Die Erdbeeren kalt abbrausen und abtropfen lassen. Den Blütenansatz entfernen und die Früchte halbieren. In eine Schüssel geben. Den Zucker und den Zitronensaft unterheben und die Erdbeeren zugedeckt 30 Min. kühl stellen.

Den Joghurt und die Milch glatt rühren und ebenfalls gut durchkühlen. Die Melisse kalt abbrausen, trocken schütteln und einige Blättchen von den Stängeln zupfen.

Die Erdbeeren in Dessertschalen füllen. Den Joghurt darüber geben und mit Melisseblättchen garnieren.

Pro Portion: 144 kcal / 603 kJ

Marillendessert

4 Portionen

300 g Marillen (Aprikosen)
1/2 Zitrone (Saft davon)
2 EL Honig
4 cl Marillenlikör
Zucker
250 mg Joghurt
100 g Magerquark (passiert)
1 Pk Vanillezucker
Sahne
Schokoraspeln

Die Marillen waschen und halbieren, mit Zitronensaft, Honig, Marillenlikör und Zucker nach Geschmack vermengen und kalt stellen.

Ein Viertel der Marillenmenge mit dem Mixer pürieren. Den Joghurt mit Quark, Marillenpüree und Vanillezucker glatt rühren. Falls es erforderlich ist, noch mit Zucker, Marillenlikör oder Zitronensaft verfeinern.

Die halbe Menge der Marillen in geeignete Dessertgläser füllen und die Creme darauf verteilen. Mit den restlichen Marillen belegen, mit Sahne und Schokostreuseln verzieren und gut gekühlt servieren.

Pro Portion: 132 kcal / 552 kJ

Marmoriertes Eis

4 Portionen

1/2 Vanilleschote
200 ml Milch
1 Eigelb
30 g Süßstoff
40 ml Sahne
1 Eiweiß
50 g Kirschen
10 g Zartbitter-Schokolade

Das Vanillemark mit einem Teil der Milch zum Kochen bringen. Das Eigelb mit der Diabetiker-Süße verrühren und die heiße Vanillemilch nach und nach unterrühren. Anschließend den Milchrest zugeben.

Das Eiweiß und die Schlagsahne steif schlagen und alles unterheben.

Die Kirschen waschen, entsteinen und pürieren. Den Kirschenmus locker durch die geschmeidige Eiscreme ziehen. In eine flache Schale füllen und gefrieren lassen.

Vor dem Servieren auf ein Brett stürzen und in Würfel schneiden. Mit geschabter Schokolade verzieren.

Pro Portion: 125 kcal / 526 kJ

Melonensalat mit Amaretto-Sahne

4 Portionen

800 g verschiedene Melonensorten
1 Pck. Vanillinzucker
100 g Schlagsahne (oder Schlagcreme)
1 EL Zucker
1 1/2-2 EL klarer Amaretto-Likör
schwarzer Pfeffer

Das Melonenfleisch falls nötig entkernen, in 11/2 cm große Würfel schneiden und mit Vanillinzucker bestreut marinieren.

Die Schlagsahne mit Zucker sehr steif schlagen und den Likör untermischen.

Die Melonenwürfel in 4 Dessertschälchen oder Stielgläser verteilen. Mit Pfeffer übermahlen und mit einem großen Klecks Schlagsahne krönen.

Pro Portion: 165 kcal / 690 kJ

Nachkriegsschuhsohlen

4 Portionen

1 TL Backpulver
250 g Mehl
50 g Butter
6 EL Wasser

Das Wasser aufkochen und die Butter darin zergehen lassen. Das Mehl und das Backpulver mischen und mit der Flüssigkeit verrühren. Daraus Kugeln - zwei pro Schuhsohle - formen, sehr kalt stellen. Dann auf Zucker ausrollen und im Backofen bei 180 Grad goldgelb backen.

Für eine Füllung: den Pudding zubereiten und 20-30 g Butter schaumig rühren. Den Kakao dazugeben und zum Pudding geben.

Pro Portion: 163 kcal / 681 kJ

Obstsalat mit Beeren der Saison

100 g Himbeeren
100 g Heidelbeeren
100 g Erdbeeren
100 g Johannisbeeren (gemischt)
100 g Brombeeren
1 Prise Zucker
1 Zitrone (ausgepresst)
1 Orange (ausgepresst)

Die Früchte kurz waschen und abtropfen lassen. Ein Drittel der Früchte durch ein Sieb streichen, mit Zucker, Orangen- und Zitronensaft abschmecken. Die Soße über die Beeren gießen und gut gekühlt servieren.

Pro Portion: 81 kcal / 339 kJ

Orange-Ananas-Fruchteis

250 ml Joghurt
250 ml Dosenananasstücke in Sirup
180 ml Fruchtsaftkonzentrat, halb Ananas, halb Orange
8 Pappbecher
8 Eisstiele

Alle Zutaten in einem Mixer gut zerkleinern und mischen. Die Becher zu einem Drittel damit füllen und ungefähr eine Stunde einfrieren, bis die Mischung teilweise bereits gefroren ist. Dann die Eisstiele hineinstecken und weitere 2 Stunden gefrieren, bis alles fest ist. Dann können die Pappbecher abgelöst und das Eis serviert werden.
Pro Portion: 80 kcal

Orangencreme mit Nüssen
6 Portionen

150 ml Orangen-Nektar
4 Eigelb
1/2 Zitrone Saft davon
5 ml Flüssig-Süßstoff
6 Blatt Weiße Gelatine
100 g Sprühsahne
1/2 Vanilleschote, Mark davon
50 g Haselnüsse, gemahlen
340 g Schattenmorellen, Diät

Orangen-Nektar, Eigelbe, Zitronensaft und Süßstoff im Wasserbad schaumig schlagen. Dann herausnehmen und kalt schlagen. Die Gelatine in Wasser einweichen, auflösen und vorsichtig unter die Creme ziehen.

Anschließend kalt stellen. Die Sprühsahne mit dem Vanillemark und den Haselnüssen mischen und unter die gelierende Creme ziehen. Mit Schattenmorellen servieren.

Pro Portion: ca. 179 kcal

Parfait Café mit marinierten Feigen
4 Portionen

Parfait
2 Eigelb
5 EL Assugrin Süßpulver
2 EL heißes Wasser
3 EL Instantkaffeepulver
2 Eiweiß
1.8 dl Halbrahm
Feigen
4 Feigen
4 EL Madeira
1/2 TL Assugrin flüssig

Eigelb, Assugrin, Wasser und Kaffeepulver zu einer schaumigen Creme verrühren. Das Eiweiß und den Rahm nacheinander steif schlagen. Beides schnell unter die Eicreme ziehen. In 6 kleine Tassen füllen und im Tiefkühler fest werden lassen. Die Feigen in Schnitze schneiden und mit Madeira und Assugrin marinieren. Die Förmchen vor dem Servieren kurz in heißes Wasserbad stellen. Die Parfaits stürzen und mit den Feigen garnieren.

Pro Portion: 146 kcal

Pikanter Erdbeersalat

4 Portionen

1 Handvoll Alfalfasprossen
400 g Erdbeeren
100 g Rucola
1 Bd. Basilikum
2 TL Zitronensaft
2 EL Weißwein lieblicher
Salz
weißer Pfeffer, frisch gemahlen
1 Prise Zucker
2 EL Distelöl

Die Alfalfasprossen abbrausen und in einem Sieb abtropfen lassen. Die Erdbeeren waschen und trocken tupfen. Kleine Beeren halbieren und große vierteln.

Den Rucola waschen, trocken schleudern und die langen Stiele abknipsen. Vier Teller mit dem Rucola auslegen. Das Basilikum waschen, trocknen und die Blättchen von den Stielen zupfen.

Den Zitronensaft mit dem Wein, etwas Salz und Pfeffer und dem Zucker verrühren. Langsam das Öl unter die Sauce schlagen.

Die Erdbeeren auf dem Salat anrichten, die Sprossen darüber geben, alles mit der Salatsauce beträufeln und mit den Basilikumblättchen bestreuen.

Pro Portion: 470 KJ

Pumpernickel-Eis mit Preiselbeeren

8 Portionen

50 g Pumpernickel (leicht trocken)
50 g Blockschokolade (dunkel)
3 Eier
4 EL Vanillezucker
250 ml Sahne
200 g Preiselbeeren

Den Pumpernickel und die Blockschokolade fein reiben. Die Eier trennen und die Eigelb mit dem Vanillezucker schaumig rühren. Die Eiweiß steif schlagen. Die Sahne steif schlagen. Den Eischnee unter die Eigelb ziehen, dann die Sahne und den Pumpernickel mit Schokolade unterheben. Im Tiefkühlfach mindestens 3 Stunden fest werden lassen. Anschließend portionieren und mit Preiselbeeren servieren.

Pro Portion: 200 kcal / 839 kJ

Rote Grütze aus Dänemark

4 Portionen

125 g Erdbeeren
125 g Himbeeren
125 g Brombeeren
125 g Johannisbeeren
250 g Kirschen
0,2 l Sauerkirschsaft (rot)
1 TL Agar-Agar
50 g Vollrohrzucker
1 Zitronenschale
1 Zimtstange

Die Beeren verlesen, vorsichtig waschen und trocken tupfen. Die Stiele gegebenenfalls abzupfen. Die Kirschen waschen, abzupfen und entsteinen.

Drei Esslöffel Fruchtsaft mit Agar-Agar verrühren. Den restlichen Saft mit Zucker, Zitronenschale und Zimt aufkochen. Das angerührte Agar-Agar untermischen und etwa zwei Minuten kochen lassen.

Die Beeren und Kirschen zugeben und aufkochen. Anschließend die Grütze lauwarm abkühlen lassen. Die Zitronenschale und die Zimtstange entfernen.

Grütze in Portionsschälchen füllen und mindestens fünf Stunden zugedeckt kühlen. Mit keineswegs besonders steif geschlagener Sahne garniert servieren.

Pro Portion: 197 kcal / 827 kJ

Orangencreme mit Walnüssen

6 Portionen

4 Orangen
1 Bch Joghurt natur
6 Bl weiße Gelatine
2 EL gehackte Walnüsse
1 Pk Vanillezucker
1 Eiweiß
1 Eigelb

Die Orangen halbieren und auspressen. Die Gelatine im Saft einweichen und unter Rühren erhitzen, bis sich die Gelatine aufgelöst hat.

Den Joghurt mit Eigelb, Walnüssen, Zucker und Vanillinzucker verrühren und löffelweise unter den abgekühlten Saft rühren.

Das Eiweiß mit einer Prise Salz steif schlagen und unter die Masse heben. In den Kühlschrank stellen, bis die Creme fest geworden ist.
Pro Portion: 113 kcal / 471 kJ

Schaumomelette mit Pistazien-Eis und Erdbeersoße

4 Portionen

250 g Erdbeeren
1 Pk Vanillezucker
3 Eigelb
1 EL Zucker
1 Prise Salz
1 Zitronenschale
1 TL Zitronensaft
3 Eiweiß
2 EL Butterschmalz
1 Pk Pistazien-Eis

Für die Erdbeersoße die geputzten Früchte halbieren oder achteln. Einige mit dem Pürierstab zerkleinern und etwas Vanillezucker verrühren. Den restlichen Vanillezucker mit den Früchten mischen.

Für das Omelette Eigelb, Zucker und 1 EL Wasser schaumig rühren. Salz, Zitronensaft und -schale zugeben und den steifgeschlagenen Eischnee unterziehen. 1 EL Butterschmalz in einer Pfanne erhitzen und ein Viertel der Masse hineingeben. Kurz anbraten, die Pfanne vorsichtig hin- und herrütteln. Wenn auf der Oberfläche eine leicht flüssige Schicht ist, das Omelette auf einem vorgewärmten Teller gleiten lassen. Das Pistazien-Eis, etwas Erdbeersoße und Erdbeeren darauf geben. Die eine Hälfte des Omelettes über die andere schlagen.

Diesen Vorgang wiederholen, bis die Masse verbraucht ist.

Pro Portion: 197 kcal / 825 kJ

Zimtparfait

12 Portionen

150 g Zucker
4 Eigelb
1 TL Zimtpulver
4 Eiweiß
1 Prise Salz
400 ml Sahne (geschlagen)

100 g Zucker und Eigelb schaumig rühren, dabei den Zimt einrieseln lassen.

Aus Eiweiß und Salz einen Eischnee herstellen. Den restlichen Zucker zufügen, sobald der Schnee halb fest ist. Danach die vorbereitete Eigelbmasse vorsichtig mit dem Eischnee mischen und zum Schluss die geschlagene Sahne unterheben. Das Ganze in einer Schüssel mindestens 3 Stunden gefrieren lassen.
Pro Portion: 177 kcal / 742 KJ

Vanillequark mit Obstsalat

4 Portionen

200 ml fettarme Milch
1 Pck. Vanillesoßenpulver
20 g Diabetiker-Süße
125 g Magerquark
100 g Mango
50 g Honigmelone
50 g Aprikosen
100 g Birne
50 g Erdbeeren
30 g Weintrauben
10 g Diabetiker-Süße

Das Soßenpulver mit ein wenig Milch anrühren. Die restliche Milch und die Diabetiker-Süße zum Kochen bringen. Das angerührte Soßenpulver unter Rühren hineingießen und einmal aufkochen lassen. Erkalten lassen, dabei gelegentlich umrühren, damit sich keine Haut bildet. Den Quark unterrühren. In ein Schälchen füllen. Kühlen.

Das geschälte Mangofleisch in Scheiben schneiden. Die Aprikosen waschen, halbieren und entsteinen. Die Erdbeeren waschen, entstielen und halbieren. Die Birne waschen, halbieren, vom Kerngehäuse befreien und in Spalten schneiden. Die Weintrauben waschen und die Honigmelone in kleine Spalten schneiden. Alle Früchte klein schneiden und auf einen großen Teller legen. Ganz mit Diabetiker-Süße bestäuben. Mit Vanillequark servieren.

Pro Portion: 139 kcal / 590 kJ

Zabaione

4 Portionen

1 Ei
3 Eigelb
1 Pk Vanillezucker
50 g Zucker
100 ml Marsalawein

Ei, Eigelb, Vanillezucker und Zucker mit dem Schneebesen verrühren. Die Schüssel in heißes Wasserbad stellen und die Eischaummasse noch einmal kräftig verschlagen, dabei den Marsalawein einfließen lassen. Die Zabaione so lange weiter schlagen, bis sich die Masse verdoppelt hat.

Nach Belieben mit Früchten angerichtet servieren.
Pro Portion: 140 kcal / 587 kJ

Zitrusquark
4 Portionen

4 Blatt Gelatine, weiß
250 g Magerquark
3 EL Zitronensaft
125 ml (1/8 l) Orangensaft, frisch gepresst
20 g Fruchtzucker
150 g Orangenfilets
3 EL heißes Wasser zum auflösen

Die Gelatine in kaltem Wasser einweichen. Den Magerquark mit dem Zitronensaft, dem Orangensaft und dem Fruchtzucker verrühren. Die Gelatine ausdrücken, in wenig heißem Wasser auflösen, unter die Quarkmasse rühren und in eine mit kaltem Wasser ausgespülte Sturzform füllen. Einige Stunden kalt stellen. Vor dem Servieren die Form kurz in heißes Wasser tauchen. Das Gelee auf einen Teller stürzen, mit Orangenfilets umlegen und unbehandelten Orangenschalen garnieren.

Pro Portion: 82 kcal / 349 kJ

Ananas-Rose auf Kiwi-Coulis

2 Portionen

1 Baby-Ananas
1 Kiwi
2 Pfefferminzblättchen
3 EL Kirschwasser
1 EL Zucker

Die Baby-Ananas schälen, längs halbieren und den Strunk herausschneiden. Mit einem sehr scharfen Messer hauchdünne Scheiben längs abschneiden und diese blumenförmig - wie eine Rose - aufwickeln.

Für die Kiwi-Coulis die geschälte Kiwi auf langsamer Stufe mit dem Stabmixer pürieren, ohne die kleinen Kerne zu zerstören. Die Ananas-Rosen mit wenig Kirschwasser beträufeln und auf den Kiwi-Coulis anrichten. Zuletzt die Minzenblättchen in feine Streifen schneiden und über die Rosen streuen.

Pro Portion: 106 kcal / 446 kJ

Chinesischer Obstsalat

4 Portionen

180 g Mandarinen (mit Schale)
200 g Frische Erdbeeren
140 g Litschis (ca. 8 Stck.)
2 EL Pflaumenwein
Süßstoff

3 EL Wasser, evtl. 1/3 mehr
100 ml Süße Sahne
Flüssiger Süßstoff
10 g Gehackte Mandeln Oder Pistazien

Eine Marinade aus Wasser, flüssigem Süßstoff und Pflaumenwein herstellen und über das vorbereitete Obst träufeln. Die Sahne steif schlagen und nach Geschmack mit flüssigem Süßstoff süßen. Auf 4 Dessertschalen verteilen und mit gehackten Mandeln oder Pistazien verzieren.

Pro Portion: ca. 165 kcal / 691 kJ

Apfelmus aus der Mikrowelle

4 Portionen

750 g Äpfel
1 EL Zucker
1 Pk Vanillezucker
4 EL Weißwein
5 EL Zitronensaft

Die Äpfel schälen und würfeln. Mit Vanillezucker, Zucker, Zitronensaft und eventuell Weißwein abschmecken und in einer Glasform geschlossen bei 800 Watt in der Mikrowelle 9-10 Min. garen. Nach dem Garen gut durchrühren und abkühlen lassen.
Pro Portion: 139 kcal / 586 kJ

Papaya-Schiffchen mit Parmaschinken
4 Portionen

1 Papaya
4 Spr Zitronensaft
Salz
Pfeffer
4 Schb Parmaschinken
1 Banane
2 Grüner Pfeffer (grob gemahlen)

Die Papaya schälen, halbieren und entkernen. Die Hälften längs in insgesamt 4 Spalten schneiden. Den Zitronensaft darüber träufeln, leicht salzen und pfeffern. Mit je einer Scheibe Parmaschinken umwickeln.

Eine Banane schälen und in dicke Scheiben schneiden. Mit Spießchen auf die Papaya-Schiffchen stecken und mit grob gemahlenem grünen Pfeffer bestreut servieren.

Pro Portion: 129 kcal / 538 kJ

Zwetschgen-Feigen-Röster
4 Portionen

250 g Pflaumen (Zwetschken)
250 g Feigen
1 EL Rum
1 Zimtstange
4 Gewürznelken
2 EL Zucker
0,1 l Rotwein
1 Schb Zitrone

Die Zwetschgen halbieren, entkernen, dann in Achtel schneiden. Reife Feigen vom Stielansatz befreien und in Scheiben schneiden.

In einen passenden Topf ordnen, mit Rum beträufeln, mit Zucker bestreuen und kurz stehen lassen. Dann mit Wein begießen, Zimtstange, Nelken und die Zitronenscheibe dazugeben. Sehr kurz kochen, damit die Früchte nicht zu weich werden, dann die Zimtstange und die Nelken entfernen.

Pro Portion: 136 kcal / 571 kJ

Champignon-Salat
4 Portionen

1 Zitrone
250 g Champignons
4 Lauchzwiebeln
50 g grüne Oliven

4 EL Olivenöl
Salz
frisch gemahlener Pfeffer

Die Zitrone so dick abschälen, dass auch die weiße Haut mit entfernt wird. Die Champignons und die Zitrone in sehr dünne Scheiben und die Lauchzwiebeln in feine Ringe schneiden. Die Champignons, die Zitronenscheiben und die Oliven auf einer Platte anrichten. Mit Olivenöl beträufeln und mit Salz und Pfeffer würzen.

Pro Portion: 160 Kcal / 670 kJ

Champignon-Toast
4 Portionen

2 EL Rapsöl
200 g Champignons
3 EL Sahne
2 EL Weißwein (trocken)

1 Bund Petersilie
Salz
Pfeffer
4 Schb Toast

Das Öl in einer Pfanne erhitzen und die geputzten und in Scheiben geschnittenen Champignons darin kurz dünsten. Mit der Sahne und dem Wein ablöschen und kurz aufkochen lassen . Die gehackte Petersilie zugeben, das Ganze mit Salz und Pfeffer abschmecken. In der Zwischenzeit die Weißbrotscheiben toasten, die Champignons darauf geben und heiß servieren.

Pro Portion: 171 kcal / 716 kJ

Rösti mit Champignons
3 Portionen

300 g Champignons
1 Zwiebel
3 EL Butter
2 EL Creme fraiche

Salz
Pfeffer
3 Rösti
1 Bund Petersilie

Die Champignons putzen und in Scheiben schneiden. Die Zwiebel pellen und würfeln. Beides in einer Pfanne mit 1 EL Butter dünsten. Die Creme fraiche zufügen und mit Salz und Pfeffer abschmecken.

In einer Pfanne die restliche Butter erhitzen. Die Rösti nach Packungsanweisung zubereiten und anschließend auf Teller verteilen. Die Champignons darauf geben und mit gehackter Petersilie garniert servieren.

Pro Portion: 156 kcal / 651 kJ

Karamellisierte Champignons

4 Personen

120 g Nudeln (z. B. kleine Penne)
400 g Champignons
100 g Kirschtomaten
75 g Schalotten
1-2 Knoblauchzehen
2 EL Zucker
1 Lorbeerblatt
125 ml Weinessig
Salz
Pfeffer
1 Stiel Rosmarin
evtl. Kräuter zum Garnieren

Die Nudeln in kochendem Salzwasser ca. 8 Min. garen und abtropfen lassen. Die Champignons und die Tomaten putzen. Die Schalotten halbieren. Den Knoblauch durch eine Knoblauchpresse drücken.

Den Zucker goldbraun schmelzen. Den Knoblauch und das Lorbeerblatt zufügen. Mit Essig und 200 ml Wasser ablöschen. Die Champignons und die Schalotten darin ca. 10 Min. garen. Mit Salz, Pfeffer und Rosmarinnadeln würzen. Die Nudeln und die Tomaten zugeben und kurz im heißen Sud schwenken.

Pro Portion: 160 kcal / 690 kJ

Käse-Pilz-Aufstrich

4 Portionen

400 g Mischpilze
1 Zwiebel
2 EL Butter
50 g Frischkäse
100 g Quark
1 Bund Petersilie
Majoran
Salz
Paprika

Die fein gehackten Pilze und die ebenfalls fein gehackte Zwiebel in einer Pfanne mit heißer Butter etwa 10 Min. dünsten.

In der Zwischenzeit den Frischkäse und den Quark in einer Schüssel gut miteinander verrühren. Die fein gehackte Petersilie, den Majoran und die Pilze zugeben. Mit Salz und Paprika abgeschmecken und zu frischem Brot servieren.

Pro Portion: 132 kcal / 551 kJ

Pfifferlinge mit Käsekruste

4 Portionen

500 g Pfifferlinge
20 g Butter
1 Zwiebel
1 Z Knoblauch
1 Bund Petersilie
Salz
Pfeffer
3 EL Crème fraîche
50 g Käse

Die Pilze waschen und trocken tupfen. Butter in einer Pfanne heiß werden lassen. Die Pilze zugeben und 10-15 Min. bei starker Hitze unter gelegentlichem Rühren garen, bis der austretende Pilzsaft verdunstet ist. Die feingeschnittene Zwiebel und den gehackten Knoblauch zugeben und leicht bräunen lassen. Alles mit Salz und Pfeffer würzen. Die Pilze in eine flache Auflaufform geben. Die Crème fraîche darüber geben und mit den Pfifferlingen verrühren. Die gehackte Petersilie und den geriebenen Käse darüber streuen. Im auf 200 Grad vorgeheizten Backofen so lange überbacken, bis der Käse leicht gebräunt ist.

Pro Portion: 110 kcal / 465 kJ

Pilze mariniert

4 Portionen

500 g Austernpilze
4 EL Olivenöl
Salz
Pfeffer
2 Z Knoblauch
1 Bund Basilikum
2 EL Weißwein
4 EL Zitronensaft

Die geputzten und entstielten Pilze mit Öl, Salz und Pfeffer vermischen und in eine feuerfeste Form legen. Die Pilze unter dem vorgeheizten Grill des Backofens etwa 10 Min. grillen. Nach der Hälfte der Garzeit die Pilze wenden.

Nach Grillzeitende den gepressten Knoblauch und die fein gehackten Basilikumblättchen unter die Pilze mischen und diese noch einmal 2 Minuten grillen. Anschließend die Pilze in eine Schüssel füllen. Den Wein und den Zitronensaft in die Form gießen und gut mit dem Bratensatz verrühren. Die Flüssigkeit über die Pilze gießen und sofort servieren.

Pro Portion: 146 kcal / 612 kJ

Shiitake-Pilze in Thymianöl

4 Portionen

600 g Shiitake-Pilze
3 Knoblauchzehen
6 EL Sonnenblumenöl
2 Zweige frischer Thymian (oder 1 TL. getrockneter)
schwarzer Pfeffer, frisch gemahlen
Salz
1.5 EL Zitronensaft

Die Pilze putzen und waschen. Die Stiele fein hacken, die Hüte aber ganz lassen.
Die Knoblauchzehen schälen.

Das Öl in einer Pfanne erhitzen, die Knoblauchzehen darin unter ständigem Rühren
etwas Farbe annehmen lassen, dann entfernen. Die Pilzhüte und die gehackten
Pilzstiele ins Fett geben und bei starker Hitze so lange braten, bis alle austretende
Flüssigkeit eingekocht ist. Den Thymian waschen, die Blättchen abzupfen und zu den
Pilzen geben.

Mit Pfeffer und Salz würzen. Mit etwas Zitronensaft beträufeln.

Pro Portion: 810 KJ

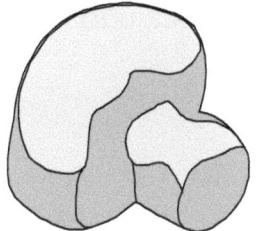

Aromatische Chinasuppe
4 Portionen

250 g Schweinefilet
4-6 EL Teriyaki- oder Sojasoße
2 Möhren
1 kleine rote Paprikaschote
1 Stange Porree (Lauch)
1 kleine Dose (228 ml) Bambussprossen
100 Mungobohnenkeime
2 EL Öl
1 l Hühnerbrühe (Instant)
2-3 a Speisestärke
Salz
Cayennepfeffer

Das Schweinefilet waschen, in dünne Streifen schneiden und in 2 EL Teriyakisoße marinieren. Die Möhren in Stifte, den Paprika in kleine Stücke und den Porree in Ringe schneiden. Die Bambussprossen abtropfen lassen und in Scheiben schneiden. Die Mungobohnenkeime kalt abbrausen und gut abtropfen lassen.

Das Öl in einem großen Topf erhitzen. Das Fleisch darin anbraten. Die Möhren, den Paprika, die Porreescheiben, die Bambussprossen und die Mungobohnenkeime zufügen und andünsten. Mit 2-4 EL Teriyakisoße und der Hühnerbrühe ablöschen. Aufkochen lassen. Die Stärke und 2 EL Wasser glatt rühren. In die Suppe einrühren und nochmals aufkochen lassen. Mit Salz und Cayennepfeffer abschmecken.

Pro Portion: ca. 190 kcal

Badische Grünkernsuppe
2 Personen

1 EL Rapsöl
40 g Grünkernschrot
700 ml Gemüsebrühe (z.B. Instant)
300 g Aufgetautes TK-Suppengemüse
2 EL Saure Sahne (10 % Fett)
etwas Jodsalz
etwas schwarzer Pfeffer aus der Mühle
2 EL Schnittlauchröllchen

Das Öl in einem Topf erhitzen, den Schrot darin kurz anrösten und dann mit der Gemüsebrühe ablöschen. Das Ganze zum Kochen bringen.

Das aufgetaute TK-Suppengemüse dazugeben und in 15-20 Min. gar kochen. Die Kochstelle ausschalten. Die Suppe mit dem Mixstab pürieren. Die saure Sahne unter die nicht mehr kochende Suppe rühren. Die Grünkernsuppe mit Salz und Pfeffer abschmecken, in tiefe Teller geben und mit den Schnittlauchröllchen garnieren.

Pro Portion: ca. 160 kcal

Blumenkohlsuppe

2 Personen

1/2 klein. Blumenkohl oder 100 g Blumenkohlröschen
Salz
200 ml entfettete Fleisch- oder Knochenbrühe
weißer Pfeffer
Muskatnuss
2 TL fein gehackte Petersilie

Den Blumenkohl putzen, die Röschen teilen und waschen. Die Blumenkohlröschen in wenig Salzwasser in 15-20 Min. garen. Die Blumenkohlröschen in ein Sieb geben. Etwa 200 ml von dem Blumenkohlwasser mit der Brühe aufkochen. Mit Salz, Pfeffer und Muskatnuss würzen. Die Blumenkohlröschen hineingeben und nochmals aufkochen.

Die Petersilie darüber streuen und die Suppe sofort servieren.

Pro Portion: ca. 30 kcal

Broccolicremesuppe

4 Portionen

500 g Broccoli
1 l Wasser
2 Scheiben altbackenes Brot
2 EL Butter
75 g Crème fraîche
ca. 2 geh. TL vegetarische Brühe
Salz
weißer Pfeffer
Muskatnuss
gemahlener Kümmel

Dem Broccoli waschen, putzen und in Stücke schneiden. Die Stiele eventuell schälen. Den Broccoli mit Wasser bedeckt in einem Topf zum Kochen bringen, dann zugedeckt bei schwacher Hitze in etwa 20 Min. weich kochen.

Das Brot in kleine Würfel schneiden und in der Butter rundherum knusprig braten. Den Broccoli pürieren. Das restliche Wasser hinzugießen, die Suppe nochmals erhitzen und mit Crème fraîche verfeinern. Mit der Brühe, Salz, Pfeffer, dem Muskat und dem Kümmel abschmecken.

Die Suppe in einer Terrine servieren und die Brotwürfel getrennt dazu reichen.

Pro Portion: 200 kcal / 830 kJ

Broccoli-Cremesuppe

150 g Broccoli
2 EL Sahne
2 EL Creme Fraiche
300 ml Gemüsebrühe
1 EL Kerbel
1 EL Petersilie
Salz
Pfeffer

Den Broccoli waschen, zerkleinern und mit der Gemüsebrühe bei mittlerer Temperatur kochen. Dann den Petersilie und den Kerbel dazugeben und alles mit einem Mixer pürieren. Mit der Sahne und der Creme Fraiche verfeinern und mit Salz und Pfeffer abschmecken.

Pro Portion: 180 Kcal

Cremesuppe mit Lachs
8 Portionen

1 kg Kartoffeln
2 EL Butter
1 1/2 l Hühnersuppe
1 md Blumenkohl
250 g Sahne
Salz
Pfeffer
Muskat
250 g Geräucherter Lachs
1 bn Dill

Die Kartoffeln schälen, waschen und grob würfeln. Im heißen Fett andünsten und mit Brühe ablöschen. Zugedeckt ca. 25 Min. kochen. Den Blumenkohl putzen, waschen und in Röschen teilen. Nach 10 Min. zu den Kartoffeln geben. Einige Röschen warm stellen. Suppe pürieren.

Die Sahne zufügen und kurz aufkochen lassen. Mit Salz, Pfeffer und Muskat abschmecken. Den Lachs in Streifen schneiden. Den Dill waschen und abzupfen. Die Suppe mit Blumenkohlröschen, dem Lachs und dem Dill servieren.

Pro Portion: ca. 180 kcal / 750 kJ

Dinkelsuppe mit Zuckerschoten
4 Portionen

125 g Zuckerschoten
1 Möhre kleine
100 g Champignons oder Austernpilze
20 g Butter
60 g Dinkel oder Weizen, fein gemahlen
1 l Wasser
1 Gemüsebrühwürfel
Salz
Muskatnuss, frisch gerieben
50 g Sahne oder Crème fraîche
2.5 EL Schnittlauch oder Petersilie, frisch geschnitten

Die Zuckerschoten waschen, wenn nötig, die Fäden abziehen und die Schoten in 2 cm breite Stücke schneiden. Die Möhre waschen, gegebenenfalls schälen und in feine Streifen schneiden. Die Pilze kurz unter fließendem Wasser abspülen, putzen und in 2 mm feine Scheiben schneiden.

Die Butter in einem Topf aufschäumen lassen. Das Dinkel- oder Weizenmehl dazugeben und unter ständigem Bewegen bei mittlerer Hitze 2-3 Min. anschwitzen.

Das Wasser angießen. Den Gemüsebrühwürfel, 1 Prise Salz und Muskat einrühren. Die Zuckerschoten, die Möhren und die Pilze dazugeben. Die Suppe bei mittlerer Hitze zugedeckt etwa 5 Min. leicht kochen lassen.

Die Sahne oder die Crème fraîche einrühren. Die Suppe abschmecken. Die Kräuter einrühren.

Pro Portion: 620 KJ

Kräutersuppe mit Hähnchenfilet
4 Personen

1 Glas Hühnerfond
2 Hähnchenbrustfilets, a 75 g
1 Kartoffel
frische Kräuter (1 Bund Petersilie, Schnittlauch, Dill, Kerbel, Sauerampfer)
1/2 Becher Sahne

Die Hähnchenfilets in Hühnerfond 5 Min. leicht köcheln, herausnehmen und beiseite stellen. Die Kartoffel schälen, würfeln und im gleichen Hühnerfond 15 Min. garen.

Die Kräuter waschen und mit den Kartoffeln und dem Hühnerfond mit dem Zauberstab pürieren. Nochmals erwärmen und steifgeschlagene Sahne unterheben. Die in Scheiben geschnittenen Hähnchenfilets auf Suppenteller geben und mit der Suppe übergießen

Pro Portion: ca. 45 Kcal

Exotische Spitzkohlsuppe

4 Portionen

150 g TK-Garnelen, vorgegart
1 Knoblauchzehe
1 Stück frischer Ingwer (walnussgroß, oder 1/2 TL Ingwerpulver)
1 Frühlingszwiebel
500 g Spitzkohl
400 g ungesüßte Kokosmilch
1 EL Currypulver
1/2 l Gemüsebrühe (Instant)
Salz
Saft von 1/2 Zitrone
1 Prise Zucker
1 EL Kokosraspel

Die Garnelen auftauen lassen. Den Knoblauch abziehen, den Ingwer schälen und beides in dünne Scheibchen schneiden. Die Frühlingszwiebel putzen, waschen und in 1/2 cm breite Ringe schneiden.

Den Spitzkohl putzen, waschen, vierteln und vom Strunk befreien. Von den Blättern die groben Blattrippen herausschneiden und die Blätter in feine Streifen schneiden. Von der Kokosmilch das abgesetzte Fett abnehmen und darin Knoblauch, Ingwer und Frühlingszwiebel 2 Min. bei sanfter Hitze braten. Zuletzt das Currypulver unterrühren.

Den Spitzkohl zugeben und 5 Min. andünsten. Mit Kokosmilch und Brühe ablöschen und in 5 Minuten bissfest kochen. 6 EL Spitzkohl abnehmen. Die übrige Suppe pürieren und mit Salz, Zitronensaft und Zucker abschmecken. Die Garnelen und die Spitzkohlstreifen darin erwärmen. Die Kokosraspel in einer trockenen Pfanne anrösten und vor dem Servieren über die Suppe streuen.

Pro Portion: 175 kcal / 740 kJ

Tomatensuppe

3 große Fleischtomaten
Basilikum
Öl
Salz
Pfeffer

Die Tomaten vierteln und mit 2 TL Öl in einem Topf dünsten bis die Tomaten weich sind. Mit Salz und Pfeffer abschmecken und dann pürieren. Das Ganze durch ein Sieb gießen und den Sud mit ca. 150 ml Wasser verdünnen und bei mittlerer Temperatur ca. 10 Min. kochen. Zum Schluss ca. 10 g fein gehackten frischen Basilikum dazugeben.

Pro Portion: 131 kcal

Feine Karottencremesuppe

500 g Karotten
1/2 l Fleischbrühe, klar
250 ml Milch, fettarm
1 B. Sahne-Dickmilch (10% Fett)
Cayennepfeffer
Jodsalz
1 Bd. Petersilie, gehackt

Die Karotten waschen, abbürsten und in dicke Scheiben schneiden. In der Brühe sehr weich kochen und dann durchpassieren.

Jetzt die Milch dazugeben und das Ganze aufkochen. Die Sahne-Dickmilch glatt rühren, die Hälfte unter die Suppe ziehen und die Suppe pikant abschmecken.

Nun die restliche Sahne-Dickmilch mit der Gabel spiralförmig auf der Oberfläche verteilen und die Petersilie darüber streuen.

Pro Portion: ca. 122 kcal / 512 kJ

Gemüsesuppe mit Käse
2 Portionen

1 Zwiebel
50 g Aubergine
50 g Zucchini
2 EL Rapsöl
500 ml Wasser
1 Pk Tomatensuppe
1 TL Paprikapulver
Salz
Pfeffer
1/2 Bund Petersilie
25 g Gouda (mittelalt)

Die Zwiebel schälen und in Würfel schneiden. Die Aubergine und die Zucchini waschen, putzen und in feine Streifen schneiden.

Das Öl in einem Topf erhitzen und die Zwiebelwürfel darin andünsten. Mit Wasser ablöschen und die Tomatensuppe und das Paprikapulver einrühren. Mit Salz und Pfeffer würzen und bei schwacher Hitze etwa 3 Min. kochen lassen. Den geriebenen Käse mit gehackter Petersilie mischen und vor dem Servieren über die Suppe streuen.

Pro Portion: 177 kcal / 743 kJ

Gemüsesuppe

2 Personen

100 g Tomaten
400 ml entfettete Fleisch- oder Knochenbrühe
100 g Gemüse (z. B. Weißkohl, Lauch, Sellerie, Karotte, Zwiebel)
1/2 Knoblauchzehe
Salz
weißer Pfeffer
Muskatnuss
1 Prise getrocknetes Basilikum
1 Prise getrockneter Thymian
1 TL fein gehackte Petersilie

Die Tomaten in kleine Stücke schneiden und mit etwas Brühe in einer Pfanne dünsten. Das Gemüse putzen und in Streifen schneiden. Die Knoblauchzehe mit etwas Salz zerreiben. Die restliche Brühe aufkochen.

Inzwischen die Tomatenstücke durch ein Sieb passieren, mit den Gemüsestreifen und dem Knoblauch in der Brühe 15-20 Min. garen. Mit Salz, Pfeffer und dem Muskat sowie den Kräutern würzen.

Die Gemüsesuppe mit der Petersilie bestreuen und servieren.

Pro Portion: 30 kcal

Herzhafte Aprikosensuppe

4 Portionen

400 g Aprikosen
2 Lauchzwiebeln
500 ml Gemüsebrühe (Instant)
200 ml trockener Weißwein
1 Becher Crème fraîche (125 g)
1 TL Zucker
Salz
Pfeffer

Die Aprikosen waschen, trocken tupfen und entsteinen. 2 Aprikosen halbieren und in schmale Spalten schneiden, die restlichen in kleine Stücke teilen und pürieren. Die Lauchzwiebeln putzen, waschen und in feine Ringe schneiden.

Die pürierte Aprikosen in einen Topf geben, mit Brühe und Weißwein auffüllen. Die Suppe aufkochen lassen, die Crème fraîche einrühren. Sämig einköcheln lassen, mit Zucker, Salz und Pfeffer würzen.

Die Suppe auf 4 Tellern verteilen, mit Aprikosenspalten, Lauchzwiebeln und je einem Klecks Crème fraîche garnieren.

Pro Portion: 200 kcal / 840 kJ

Grünkern-Radieschen-Suppe

4 Portionen

1 Gemüsezwiebel
2 EL Öl
75 g Grünkernschrot
750 ml Gemüsebrühe
1 Bd. Glatte Petersilie
Weißer Pfeffer a. d. M.
Etwas Salz
1 klein. Bund Radieschen

Die Zwiebel schälen und klein würfeln. Das Öl in einem Topf erhitzen und die Zwiebel darin bei mittlerer Hitze glasig werden lassen. Den Grünkernschrot dazugeben und einige Minuten unter Rühren rösten. Mit der Brühe ablöschen. Zugedeckt bei schwächster Hitze etwa 25 Min. köcheln.

Die Petersilie hacken, die Hälfte davon in die Suppe geben. Mit Pfeffer und etwas Salz abschmecken. Die Radieschen putzen, waschen und in Scheiben schneiden. Etwas zartes Grün fein hacken. Beides in die Suppe geben. Alles kurz aufkochen, in Teller umfüllen und die restliche Petersilie darüber streuen.

Pro Portion: 130 kcal / 544 KJ

Herzhafter Weißkohl-Kürbis-Eintopf

1/2 kleiner Weißkohl
400 g Kürbis
1 große rote Paprikaschote
2 Peperoni, frische
3 Knoblauchzehen
3 EL Öl
3 EL Tomatenmark
1 TL Kümmel
Jodsalz
schwarzer Pfeffer
3/4 l Gemüsebrühe
1 Bd. glatte Petersilie

Den Kohl in Streifen schneiden. Den Kürbis und die Paprika würfeln. Die Peperoni entkernen und in dünne Ringe schneiden. Den Knoblauch fein hacken.

Das Öl in einem großen Topf erhitzen. Die Peperoni und den Knoblauch darin andünsten.

Das Tomatenmark und den Kümmel kurz anschwitzen. Das restliche Gemüse zufügen. Mit Salz und Pfeffer würzen. Die Gemüsebrühe dazugießen. 20 Min. zugedeckt garen. Nochmals abschmecken. Die Petersilie hacken und darüber streuen.

Pro Portion: 140 kcal

Hühnersuppe mit Bananenblüten

4 Portionen

3 Zitronengras	800 ml Kokosmilch
5 Zitronenblätter	5 Schb Galgant (dünne Scheiben, evtl. mehr)
1 Bananenblüte	
2 TL Korianderkörner	3 EL Fischsoße
400 g Hähnchenbrustfilets	3 EL Limettensaft

Das Zitronengras und die Zitronenblätter waschen. Das Zitronengras im Mörser zerstoßen und in etwa 5 cm lange Stücke schneiden. Die Bananenblüte waschen, in Viertel schneiden und diese in etwa 2 cm breite Streifen schneiden.

Die Korianderzweige waschen, trocken tupfen und die Blättchen abzupfen. Das Hähnchenfleisch in mundgerechte Stücke schneiden. Die Kokosmilch zum Kochen bringen. Das Zitronengras, die Zitronenblätter und das Galgant darin 5-7 Min. kochen lassen. Die Bananenblütenstreifen dazugeben, kurz verrühren und etwa 10 Min. kochen lassen. Das Hähnchenfleisch dazugeben und noch 2-3 Min. kochen lassen. Mit der Fischsauce und dem Limettensaft abschmecken und vor dem Servieren mit Koriander bestreuen.

Pro Portion: 169 kcal / 711 kJ

Mediterrane Gemüsesuppe

4 Personen

250 g Tomaten
400 g Stangensellerie
1-2 Stiele Basilikum und Rosmarin
2 Lorbeerblätter
2 EL Olivenöl
Salz
Pfeffer
1 l Gemüsebrühe (instant)
1 Packung (250 g) Express Reis Mediterran (Uncle Ben's)
50 g schwarze Oliven
einige Spritzer Zitronensaft
evtl. Kräuter und Zitrone zum Garnieren

Die Tomaten vierteln, entkernen und das Fruchtfleisch in Stücke schneiden. Den Knoblauch durch eine Knoblauchpresse drücken. Den Sellerie in mundgerechte Stücke schneiden. Die Kräuter abzupfen und fein hacken.

Das Öl erhitzen. Den Knoblauch und die Tomaten darin andünsten. Mit Salz und Pfeffer würzen. Die Kräuter und die Selleriestücke zufügen. Die Brühe zugießen. 15 Min. köcheln lassen. Den Reis und die Oliven in der Suppe erwärmen. Mit Salz, Pfeffer und Zitronensaft abschmecken. Nach Belieben mit Kräutern und Zitronenscheiben garniert servieren.

Pro Portion: ca. 160 kcal / 670 kJ

Kalte Gemüsesuppe

4 Portionen

750 g Tomaten (vollreif)
1 Zwiebel
3 EL Rotweinessig (oder Sherryessig)
1 Salatgurke
2 Paprikaschoten (grün und rot)
1 Knoblauchzehe
0,2 l Wasser (eisgekühlt)
3 EL Olivenöl
Salz
schwarzer Pfeffer
2 Schb Weißbrot

Die Tomaten überbrühen, pellen, halbieren und die Stielansätze herausschneiden. Die Kerne und die Flüssigkeit mit einem TL herauskratzen. Das Tomatenfleisch würfelig schneiden. Die Zwiebel und den Knoblauch schälen. Die Zwiebel klein würfeln und den Knoblauch durchpressen. Die Paprika halbieren und die Kerne und die Stielansätze herausschneiden. Die Gurke schälen, halbieren und die Kerne herauskratzen.

Beide Gemüse klein würfeln. Jeweils ein Drittel der Gemüse kühl stellen. Das Weißbrot in Wasser einweichen und ausdrücken. Mit dem restlichen Gemüse in einen Mixer geben und pürieren. Abschmecken und Öl und Essig darunter rühren. Mit dem Eiswasser auffüllen und die Suppe im Kühlschrank oder im Gefrierfach gut durchkühlen lassen, aber nicht anfrieren lassen. Vor dem Servieren gut durchrühren und erneut abschmecken. Die Gemüsewürfelchen in Schälchen dazustellen.

Pro Portion: 179 kcal / 754 kJ

Kartoffelsuppe

100 g Kartoffeln
1 kleine Karotte
20 g Petersilie
20 g saure Sahne
50 g Fenchel
1 EL Öl
Salz
Pfeffer

1 EL Öl in einen Topf gießen und das zerkleinerte Gemüse dazugeben. Etwas andünsten und dann 250 ml Wasser dazugießen und ca. 15 Min. köcheln lassen. Die Kartoffeln in einem anderen Topf gar kochen und dann in den Gemüsetopf schütten. Jetzt das Ganze mit einem Mixer pürieren. Nach dem Pürieren rührt man noch die Sahne unter und schmeckt das Ganze mit Salz und Pfeffer ab.

Pro Portion: 180 Kcal

Kräuter-Schaumsüppchen

4 Personen

2 mehlig kochende Kartoffeln
500 ml Gemüsebrühe (instant)
60 g gemischte Kräuter (z. B. Petersilie, Kerbel, Estragon, Minze)
200 ml Sahne
Salz
Pfeffer
einige Tropfen Zitronensaft

Die Kartoffeln schälen, waschen und in Stücke schneiden. In 250 ml Brühe in ca. 20 Min. weich kochen.

Die Kräuter kurz unter kaltem Wasser abbrausen, trocken schütteln und die Blättchen von den Zweigen zupfen. Etwas zum Garnieren beiseite legen. Den Rest grob hacken und zu den Kartoffeln in die Brühe geben. Danach mit dem Schneidstab oder im Mixer pürieren. Die restliche Brühe sowie Sahne angießen und die Suppe unter Rühren erhitzen. Mit Salz, Pfeffer sowie Zitronensaft abschmecken. Mit übrigen Kräutern garniert servieren.

Pro Portion: ca. 180 kcal

Leichte Kohlsuppe

4 Portionen

1 mittelgroße Möhre
2 Stangen Staudensellerie
3-4 Lauchzwiebeln
Weiß- oder Spitzkohl: 300 g
250 g Blumenkohl
30 g frischer Ingwer
1-2 EL Öl
2 3 TL Gemüsebrühe
4-5 EL Sojasoße
1 TL Sambal Oelek
Petersilie zum Garnieren

Das Gemüse schälen, bzw. putzen und waschen. Die Möhre und den Sellerie in feine Scheiben und die Lauchzwiebeln in Ringe schneiden. Den Weißkohl erst in Spalten, dann in dünne Streifen schneiden. Den Blumenkohl in Röschen teilen. Den Ingwer schälen und in dünne Stifte schneiden.

Das Öl in einem großen Topf erhitzen. Die Lauchzwiebeln und den Ingwer darin andünsten. 1 L Wasser angießen. Die Brühe einrühren und aufkochen. Das restliche Gemüse in die Brühe geben und alles zugedeckt 10-15 Min. köcheln. Die Suppe mit Sojasoße und Sambal Oelek abschmecken und mit Petersilie garnieren.

Pro Portion: 100 kcal

Minestrone
6 Portionen

1 Stange Lauch
2 Kartoffeln
1 Möhre
1 Kohlrabi
100 g frische Erbsen (oder tiefgefroren)
100 g grüne Bohnen
1/2 Kopf Blumenkohl
Salz
1 Zwiebel

1 gehäufter EL Butter
1 l Wasser
3 EL Reis (75 g)
3 TL vegetarische Brühe
weißer Pfeffer
1/4 TL Basilikum
1/2 Bd. Petersilie
3 EL Olivenöl
50 g frisch geriebener Parmesan

Vom Lauch das Wurzelende entfernen. Den Lauch der Länge nach halbieren, waschen und in feine Streifen schneiden. Die Kartoffeln, die Möhre und den Kohlrabi schälen und würfeln. Die Erbsen und die Bohnen gegebenenfalls putzen und waschen. Den Blumenkohl waschen und in Röschen teilen. Die Zwiebel hacken.

Die Butter in einem großen Topf erhitzen. Die Zwiebel darin glasig dünsten. Alle Gemüse dazugeben und mit Wasser aufgießen. Den Reis einstreuen und die Suppe etwa 30 Min. bei schwacher Hitze köcheln lassen, bis der Reis gar ist.

Die Minestrone mit Brühe, Pfeffer und den Basilikum würzen. Die Petersilie waschen, hacken und unterrühren. Die Suppe in einer Terrine mit Olivenöl beträufeln und mit Käse bestreuen.

Pro Portion: 200 kcal / 840 kJ

Scharfe Kartoffelsuppe
2 Personen

1 Zwiebel
1 große Rote Paprikaschote
2 mittl. Kartoffeln (190 g)
1 EL Sonnenblumenöl
500 ml Gemüsebrühe (z.B. Instant)

1/4 TL Paprikapulver, rosenscharf
2-4 Spritzer Tabasco
2 EL Tomatenmark
Evtl. etwas Jodsalz

Die Zwiebel schälen, halbieren und in feine Streifen schneiden. Die Paprikaschote waschen, putzen und in 1/2-1 cm große Stücke schneiden. Die Kartoffeln waschen, schälen und ebenfalls in kleine Würfel schneiden.

Das Öl in einem Topf erhitzen. Die Zwiebelstreifen darin glasig dünsten. Die Paprika- und Kartoffelwürfel hinzugeben und anbraten. Das Gemüse mit der Brühe ablöschen. Mit Paprikapulver, Tabasco und Tomatenmark würzen. Das Ganze zum Kochen bringen und in etwa 15 Min. fertig garen.

Die Suppe nochmals abschmecken, eventuell salzen. Die Suppe in 2 tiefe Teller geben und heiß servieren.

Pro Portion: 160 kcal

Misosuppe mit Tofu

4 Portionen

2 Möhren
4 Shiitake-Pilze, frische
2 Bd. Frühlingszwiebeln
1 Bd. Petersilie
300 g Tofu
1 l Gemüsebrühe
2 EL Mugi-Miso

Die Möhre schälen und in feine Stifte schneiden. Die Pilze mit Küchenpapier abreiben, von den Stielen befreien und in Streifen schneiden. Die Frühlingszwiebeln putzen und in feine Ringe schneiden. Die Petersilie fein hacken.

Den Tofu in kleine Würfel schneiden. Die Gemüsebrühe zum Kochen bringen. Das Gemüse und den Tofu hineingeben und zugedeckt bei mittlerer Hitze etwa 5 Min. garen, bis das Gemüse bissfest ist.

Den Topf von der Kochstelle ziehen und das Miso unter die Suppe rühren. Die Petersilie untermischen und die Suppe servieren.

Pro Portion: 550 KJ

Pikante, kalte Gemüsesuppe

150 g geschälte Salatgurke
300 g reife Tomaten
3 klein. Paprikaschoten
30 g Zwiebel
2 Knoblauchzehen
1 hartgekochtes Ei
1 Spur Meersalz
frisch gemahlener weißer Pfeffer

Einige Streifen Paprikaschote, sowie ein paar Gurkenwürfelchen schneiden - zur Garnitur zugedeckt beiseite stellen. Ebenso das hartgekochte Ei fein hacken.

Die Tomaten überbrühen und die Haut abziehen. Das übrige Gemüse im Mixer oder mit dem Pürierstab fein mixen. Mit einer Prise Meersalz und frisch gemahlenem, weißem Pfeffer pikant abschmecken.

Etwa 10-15 Min. im Kühlschrank kaltstellen. Danach auf 2 Teller verteilen und mit den Gemüse- und Eiwürfeln garnieren.

Pro Portion: 105 Kcal / 450 kJ

Spargelsuppe mit Tofuklößchen

4 Portionen

500 g weißer und grüner Spargel gemischt
1 1/8 l Wasser
150 g Tofu
1 EL geriebener Emmentaler Käse
1 EL geriebenes Knäckebrot
4 EL gemischte Kräuter; wie Petersilie, Schnittlauch, Kerbel, Borretsch
1 Ei
2 Eigelbe
Salz
weißer Pfeffer
1 Bd. Schnittlauch
1 EL Sahne

Den weißen Spargel schälen, die holzigen Enden abschneiden und den Spargel waschen. Den grünen Spargel nur von eventuellen holzigen Enden befreien, ebenfalls waschen und abtropfen lassen.

Alle Spargelabfälle waschen, mit dem Wasser zum Kochen bringen und zugedeckt bei schwacher Hitze 15 Minuten kochen lassen. Die Spargelbrühe durch ein feines Sieb gießen, die Abfälle mit einem Holzlöffel ausdrücken und wegwerfen. Während die Brühe kocht, die Spargelstangen in etwa 2 cm lange Stücke schneiden.

Den Tofu pürieren. Den Käse, das Knäckebrot, die Kräuter, das Ei und 1 Eigelb darunter mischen. Alles zu einer glatten Masse verkneten und mit Salz und Pfeffer würzen.

Die Spargelbrühe zum Kochen bringen. Aus der Tofumasse Klößchen formen und in die leise kochende Brühe geben. Nur die weißen Spargelstangen hinzufügen. Alles einmal aufkochen und zugedeckt bei schwacher Hitze 5 Min. garen.

Alle Spargelköpfe und den grünen Spargel in die Suppe geben. Erneut aufkochen und weitere 5 Min. garen, bis der Spargel bissfest ist.

Inzwischen den Schnittlauch in feine Röllchen schneiden. Das restliche Eigelb mit der Sahne und etwas Brühe verquirlen und in die heiße, aber nicht mehr kochende Suppe rühren. Die Suppe auf Teller verteilen und mit dem Schnittlauch bestreut servieren.

Pro Portion: 130 kcal / 610 kJ

Suppe mit rote Beete

500 g rote Bete
750 ml Gemüsebrühe
0.5 TL Kümmel
1 Spur Koriander, gemahlen
Pfeffer, schwarz
1 Stück Meerrettich, 5 cm
1 Bd. Schnittlauch
200 ml saure Sahne

Die Rote Bete waschen, schälen und raspeln. Zarte grüne Blättchen abschneiden und beiseite legen. Die Rote Bete in der Gemüsebrühe aufkochen, mit Kümmel, Koriander und Pfeffer würzen und zugedeckt bei kleiner Hitze 5 Min. garen. Von der Kochstelle nehmen.

Den Meerrettich schälen, waschen und in die Suppe reiben. Den Schnittlauch waschen, trocken tupfen und in feine Röllchen schneiden. Mit der sauren Sahne mischen. Die Suppe auf vorgewärmten Tellern verteilen und mit den fein gehackten Rote-Beete-Blättchen bestreuen. Je einen Sahneklecks auf die Suppenportionen geben. Die restliche Schnittlauchsahne dazu servieren.

Pro Portion: 120 kcal / 502 KJ

Zucchinisuppe mit Tomaten
4 Portionen

1 Zwiebel
2 EL Sonnenblumenöl, kaltgepresst
2 EL Gemüsebrühe gekörnte
600 g Zucchini junge
2 TL Bohnenkraut
2 TL Thymian
250 g Tomaten reife, aromatische

2 EL Sahne saure
4 EL Crème fraîche
2 Knoblauchzehen
2 Handvoll Kräuter (z. B. Petersilie, Dill, Basilikum, Majoran), frisch gehackt
Currypulver
Cayennepfeffer

Die Zwiebel würfeln. Das Öl in einem Topf erhitzen. Die Zwiebel hinzufügen und darin glasig dünsten. 1/2 l Wasser und die gekörnte Brühe dazugeben und aufkochen lassen.

Die Zucchini waschen, raspeln und mit dem Bohnenkraut und dem Thymian in die Brühe rühren. Die Suppe etwa 5 Min. bei mittlerer Hitze kochen. Die Tomaten waschen und entkernen. Das Innere in die Suppe geben, und alles mit dem Pürierstab pürieren. Das Tomatenfleisch klein würfeln und beiseite stellen.

Die saure Sahne mit der Crème fraîche verquirlen und in die Suppe rühren. Den Knoblauch dazupressen. Die Kräuter hinzufügen, die Suppe mit je Prise Curry und Cayennepfeffer abschmecken. Die Tomatenwürfel darüber streuen.

Pro Portion: 660 kJ